Дэниел и Эстер Баумгартнер

ИСЦЕЛЯЮЩИЙ БРАК

Как построить полноценные и прочные отношения

Принципы и молитвы для счастливых пар

Bethesda Heilungsdienst

Кириченко

Киев

2024

THE HEALING MARRIAGE:
PRINCIPLES AND PRAYERS FOR FLOURISHING COUPLES
Copyright @ 2024 Daniel Baumgartner & Esther Baumgartner
Print: ISBN 978-3-9525900-0-3   ebook: ISBN 978-3-9525900-1-0
Published by Verein Bethesda Heilungsdienst
Stapferstrasse 29, 8006, Zürich, Switzerland
info@bethesda-heilungsdienst.ch
www.bethesda-heilungsdienst.ch

УДК 159.922
Б29

БАУМГАРТНЕР Д. И Э.

Б29   **ИСЦЕЛЯЮЩИЙ БРАК.** *Как построить полноценные и прочные отношения /*
Пер. с англ. К. : Кириченко, 2024. 178 с.

ISBN 978-966-426-281-8

Книга поможет вам укрепить и развить супружеские отношения, превратить их в целебный оазис любви, мира и дружбы, откроет принципы, изменяющие жизнь и научит применять эффективные молитвенные инструменты.

УДК 159.922

Релігійне видання
Деніел та Естер **Баумгартнери**
Шлюб, що зцілює
Як побудувати повноцінні й міцні стосунки
(Російською мовою)

Переклад і редагування *Олена Спис*
Ілюстрації *C. Huber* (www.claudiahuber-illustration.de)
Верстка *В. Кириченко*

Формат 60×90/16. Ум. друк. арк. 4,6. Наклад 500 пр.

ФОП Кириченко Д.В.
Свідоцтво ДК №1714 від 16.03.2004. А/с 87, Київ 02002, Україна.

Віддруковано в ТОВ «Друкарня "Бізнесполіграф"»
02094, м. Київ, вул. Віскозна, 8. Свідоцтво ДК №2715 від 07.12.2006.

Все цитаты из Священного Писания соответствуют русскому Синодальному переводу, кроме особо оговоренных.

ISBN 978-966-426-281-8

ОГЛАВЛЕНИЕ

СВИДЕТЕЛЬСТВА

«Исцеляющий брак» стал настоящим открытием для нас как для супругов. В результате углубились наши отношения с Богом — третьей личностью в нашем браке. Авторы в живой и не лишенной юмора форме показывают, каким образом духовные и эмоциональные раны могут лежать в основе непонимания и неудовлетворенности в браке. Глубоко христианское понимание и молитвы, которые они предлагают для решения этих проблем, практичны и эффективны. Эта книга — подарок для супружеских пар всех возрастов.

Д. и У.

От этой замечательной книги было трудно оторваться. Она помогла нам выявить корни многих личных проблем, которые с самого начала пагубно влияли на наш брак. Применение практических молитвенных инструментов, представленных в книге, привело к огромным изменениям в этих ключевых областях наших отношений. Мы были тронуты мудростью и благодатью Господа, которые струились со страниц этой вдохновленной Им книги. Следуя рекомендации сделать паузу для молитвы и размышлений в конце каждой главы, мы смогли совершить прорыв и обрести мир и глубокое чувство внутреннего благополучия.

Е и X.

Небольшие по объему главы содержат много глубоких размышлений и идеально подходят для тех, кто читает медленно. Мы оба получили пользу от многих ценных и практических идей, изложенных в книге. Мы находим концепции и молитвенные шаги простыми для понимания и применения.

А. и С.

БЛАГОДАРНОСТЬ

Мы выражаем глубокую признательность:

Отцу Томасу, бывшему программному директору радио «Мария» в Швейцарии. Мы планировали написать книгу о браке, когда вы позвонили и попросили срочно организовать радиокурс для помощи парам, пытающимся справиться с последствиями пандемии коронавируса. Мы поняли, что это Дух Святой побуждает нас озвучить послание, которое формировалось в наших сердцах. В итоге мы писали программы на ходу, что порой было нервным, тем не менее захватывающим занятием. Господь благословил радиокурс, и мы решили взять его за основу книги! Спасибо за то, что сделали возможным проведение новаторских передач, и за поддержку вашей команды.

Алене Спис. Благодаря вашему мастерству и преданности делу переводчика мы можем поделиться этим посланием надежды, исцеления и свободы с русскими парами во всем мире.

Дмитрию Кириченко и всему коллективу издательства. Спасибо за позитивную поддержку и сотрудничество на протяжении всего времени.

Нашим друзьям и партнерам из *Bethesda Heilungsdienst*. Некоторые из вас были на нашей свадьбе, другие появились в нашей жизни позже. Но любовь, молитвы и поддержка каждого из вас придают нам силы.

А больше всего — нашему любящему **Небесному Отцу**. Спасибо Тебе за удивительный дар — наш брак, исцеляющий брак, заключенный на небесах! Ты свел нас вместе и помог построить отношения, превосходящие все, на что мы могли бы надеяться или чего могли бы достигнуть самостоятельно.

ПРЕДИСЛОВИЕ

По окончании богословского факультета Дэниел в составе миссионерской группы отправился в Аргентину, где был одним из преподавателей на семинаре по исцелению в Буэнос-Айресе. Один врач и консультант, присутствовавший на этих занятиях, узнав, что он помолвлен и собирается жениться, отвел Дэниела в сторону, посмотрел ему прямо в глаза и сказал:

— Дэниел, брак, это прекрасный и святой институт, созданный Богом для того, чтобы приносить нам огромную радость и счастье! Не позволяй никому и никогда говорить тебе обратное!

Дэниел навсегда запомнил эти слова. Они оказали на него большое влияние и воодушевили. Мы счастливы в браке уже почти тридцать лет. И мы убедились, что брак не только приносит нам огромную радость и глубокое удовлетворение, но и может быть местом величайшего исцеления! Мы хотим поделиться с вами некоторыми ценными знаниями, которые мы обрели за годы нашего брака и которые сделали это возможным. А наш опыт молитвенного консультирования, когда мы слушали других людей и видели, как их жизнь преображается благодаря тем же молитвам и знаниям, которыми мы здесь делимся, побудил нас написать эту книгу.

Независимо от того, готовитесь ли вы к супружеству, женаты недавно или прожили в браке много лет, мы молимся о том, чтобы по мере чтения этой книги, молитв и выполнения упражнений ваше понимание брака, ваша любовь и преданность друг другу крепли, а ваши отношения процветали.

ВВЕДЕНИЕ

Концепция этой книги очень проста. Мы уверены, что супруги могут научиться молиться друг за друга молитвами о прощении, исцелении и освобождении. И при этом те отношения, которые, возможно, складываются не так уж хорошо, могут стать лучше. Возможно, мысль о том, что мы можем молиться друг за друга и друг с другом, для вас нова, особенно если вы не привыкли молиться в паре на более глубоком уровне, а может быть, не молитесь вообще. Но не волнуйтесь! По мере изучения книги вы узнаете и начнете применять на практике простые, конкретные и эффективные принципы и молитвы, открывающие двери к целостности, большей удовлетворенности и радости совместной жизни.

Наш подход основан на пяти инструментах молитвы об исцелении и свободе, которые супруги могут применять в молитве друг за друга. Научиться молиться друг за друга таким образом было для нас открытием еще в первые дни нашего брака. И когда мы увидели преобразующую силу этих молитв в наших отношениях, мы стали предлагать их парам, которые приходили к нам на консультации. Мы обнаружили, что для многих из них они тоже действенны!

Мы хотим поделиться с вами этими жизненно важными идеями и молитвенными инструментами. Если вы хотите обогатить свой брак и возрастать в любви и единстве или пытаетесь преодолеть определенные проблемы, угрожающие разлучить вас, мы убеждены, что этот подход поможет вам. Если вы будете работать над главами книги с открытым сердцем и разумом, Бог сможет коснуться вас и удовлетворить ваши нужды.

Подумайте над следующим стихом из Библии:

Итак, кто во Христе, тот новая тварь; древнее прошло, теперь все новое.

2 Коринфянам 5:17

Приходя к Иисусу как муж и жена, мы можем твердо стоять на этом обетовании: что мы — новое творение во Христе. Он создает что-то новое в нас, а значит, и новое в нашем браке. Это наш опыт. Все становится новым, когда мы приходим к Нему. Не обязательно в одночасье; это процесс. Но главное, чтобы сначала мы пришли к Нему.

Мы поражаемся, вспоминая, как Бог помог нам преодолеть многие трудности в нашем браке. Когда мы усердно изучали Слово Божье и приучали себя приходить к Нему, слушая голос Его Святого Духа, Он помогал нам выявлять духовные и эмоциональные корни проблем, которые портили наши отношения и мешали нашему единству. Затем мы стали молиться друг за друга, применяя молитвы об исцелении и свободе, и получили устойчивые результаты. Мы все больше восхищались тем, чего можно достигнуть, если дать Святому Духу возможность говорить с нами, а затем молиться о том, что Он нам показывает. В молитве действительно есть огромная сила!

Молитвенные инструменты, представленные в этой книге, просты и эффективны. Вы можете адаптировать их и применять снова и снова по мере того, как Святой Дух будет вести вас к корню ваших проблем в ключевых областях грехов, обид и демонического гнета. Эта книга является не только руководством по эффективной молитве, но и рабочей тетрадью. Мы включили в нее вопросы и дополнительные образцы молитв, которые помогут вам осмыслить материал и применить принципы к вашей ситуации. Это позволит вам предпринять нужные шаги и добиться прогресса. Некоторые темы потребуют индивидуального размышления и молитвы, в то время как другие — обсуждения и молитвы в паре. Если вы пока не можете вместе обсуждать некоторые более глубокие эмоциональные либо духовные проблемы или вместе молиться о них, вы все равно можете молиться этими молитвами о своем личном исцелении и свободе. Это также окажет положительное влияние на ваш брак!

И наконец, если вы хотите, чтобы ваш брак был крепким и счастливым, вам, возможно, придется приобрести новые навыки: например, научиться лучше общаться и слушать; признавать свою неправоту, а не искать недостатки в других; исправлять ситуацию, когда вы что-то натворили. Вам предстоит научиться становиться одним целым на более глубоком уровне. А также распознавать обиды и области духовной несвободы и эффективно молиться об исцелении и освобождении.

ЕДИНСТВО

Учимся становиться единым целым

Глава 1

ОДНО СЕРДЦЕ И ОДНА ДУША

В поисках более глубокой связи

Большинство людей, конечно же, мечтают о большой и вечной любви. Сколько бы разочарований мы ни пережили, сколько бы ни наблюдали их в жизни других, мы все равно мечтаем о человеке, который поймет и полюбит нас и которого мы сможем полюбить в ответ, — о партнере и друге, с которым сможем построить стабильную жизнь и который будет поддерживать нас и в горе, и в радости. Но за этим желанием скрывается более глубокая потребность в сердечной связи. Мы страстно желаем познать и быть познанными на более глубоком уровне.

Однако для многих пар существует несоответствие между тем, на что они надеялись и о чем мечтали, вступая в брак, и тем, что они испытывают в повседневной жизни. В то время как в одних сферах жизни мы чувствуем связь и прекрасное единство, другие омрачены скрытым напряжением из-за разобщенности или откровенными разногласиями. Знакомо вам подобное чувство?

Возможно, вы изо всех сил работали над своим браком, но определенная напряженность осталась. «Что ж, наверное, такова супружеская жизнь, — заключаете вы. — В конце концов, в каждой семье есть свои проблемы!» Возможно, вы даже отказались от своей мечты.

Консультируя многие пары и оставаясь счастливыми в браке спустя двадцать семь лет совместной жизни, мы можем заверить вас, что вы не одиноки, и хорошая весть заключается в том, что надежда есть! Имея надлежащую помощь, знания и инструментарий, действительно можно преодолеть разлад, укрепить связь и обрести единство и мир во всех сферах супружеской жизни!

Мы обнаружили, что удовлетворенность браком во многом зависит от способности к более глубокому единению. Чем крепче наше единство и связь на всех уровнях, тем больше мы удовлетворены своим браком. Как же нам устранить все препятствия на пути к единству и возрастать вместе как пара? Это, пожалуй, самый важный вопрос, который мы должны себе задать, и он лежит в основе книги «Исцеляющий брак».

Божий замысел для брака

Некоторых людей пугает идея единства или неделимости в браке. Это заставляет их чувствовать себя пойманными в ловушку или задыхающимися. Существует множество причин, по которым человек может испытывать подобные чувства. Часто они связаны с негативным опытом в прошлом. Мы рассмотрим это позже и узнаем, как Бог может помочь нам преодолеть такие переживания. Здесь важно понять, что изначальный Божий замысел для брака состоит в том, чтобы мужья и жены дополняли, укрепляли друг друга и наслаждались друг другом.

Вы, наверное, обратили внимание на рисунок в начале этого раздела, изображающий пару в небольшой лодке. Тандемный каякинг — прекрасная иллюстрация единства в браке. Он требует дисциплинированного взаимодействия, а также практики и упорства. Каждый из гребцов должен взять на себя определенные задачи и ответственность. Но, работая вместе, они могут регулировать и направление, и скорость своего каяка. А слаженные действия сплоченной команды позволяют преодолевать вместе невероятные расстояния и прекрасно проводить время!

Как же нам научиться «грести» так, чтобы двигаться вперед вместе, даже когда жизнь становится сложной и суровой? Как оставаться одним целым и не ходить по кругу или, что еще хуже, не оказаться в разных лодках?

Причин для раздоров и разобщенности может быть много. Основываясь на собственном опыте и многолетней работе с супружескими парами, мы выделим четыре ключевых направления и рассмотрим их по очереди. Помимо привычной темы супружеского общения, парам необходимо понять, что такое грех и почему он может разрушить отношения. Затем — эмоциональные травмы, которые очень затрудняют процессы перемен, и, наконец, мы обратимся к духовному измерению. Разговор о невидимом мире в контексте брака может оказаться для вас новым. Но мы считаем, что это важно и не стоит этого бояться.

Таким образом, в книге представлены следующие разделы: единство, общение, восстановление, исцеление и освобождение. По мере изучения каждой темы мы будем знакомить вас с практическими стратегиями и простыми проверенными молитвенными инструментами, которые можно применять в каждой области. Мы уверены, что по мере того, как вы научитесь их применять, ваше единство в паре будет крепнуть и вы будете испытывать больше мира и счастья вместе.

Пауза для размышлений

- Что для вас означает единство в браке?
- В каких областях между вами уже есть связь и единство?
- Как укрепление единства может изменить ваш брак?

СИЛА БРАЧНОГО ЗАВЕТА

Бог — за нас

Брак иногда рассматривается как модель регулирования правового статуса и имущества двух людей, желающих соединить свои жизни. Однако брак гораздо больше этого! Знаете ли вы что на самом деле брак — это священный завет, то есть обязательное обещание или соглашение, определяющее ответственность и обязательства, которое заключает с нами Сам Бог? Именно Его присутствие и приверженность браку являются решающими факторами:

...и нитка, втрое скрученная, не скоро порвется.

Екклесиаст 4:12

Этот стих выгравирован на наших обручальных кольцах, дабы напоминать нам, что наш союз основан не только на нашем решении быть вместе. И даже не на нашем юридическом статусе супругов, а на священном завете, заключенном друг с другом и с Господом. Он — третья составляющая нити нашего брака. Красота отношений завета с Богом состоит в том, что Он неизменный. Он обещает быть верным — даже когда мы неверны:

...если мы неверны, Он пребывает верен, ибо Себя отречься не может.

2 Тимофею 2:13

Удивительно то, что этот завет может быть возобновлен в любой момент, независимо от того, на каком этапе развития отношений мы находимся и какие у нас были неудачи. Это хорошая новость не только для тех, кто уже состоит в браке, но и для всех, кто только задумывается о супружестве! Поскольку Бог является третьим лицом в нашем браке, мы всегда можем вместе построить новый и лучший фундамент. Он поможет нам! И так же, как Он любит нас, верен нам и борется за нас, так и мы можем быть любящими, верными и бороться друг за друга.

Некоторые люди вступают в брак, паря на розовом облаке романтических чувств и восторженности, но не имеют достаточного опыта созидания единства и прочных отношений. При возникновении напряженности и проблем они испытывают разочарование, досаду и усталость. Их любовь к партнеру угасает, а вера в брак ослабевает. Внимание начинает смещаться с партнера на себя. Если в отношениях появляется и усиливается разочарование или отчаяние, то это может привести к охлаждению или даже полному разрыву. Но если мы понимаем природу брачного завета и то, что Бог — за нас и пребывает с нами, все может измениться.

Подражая примеру Христа

Если говорить честно, то большинство из нас наверняка руководствовалось корыстными соображениями, принимая решение вступить в брак. Возможно, мы до сих пор склонны думать о себе гораздо больше, чем о своем партнере! Не всегда легко сделать выбор в пользу других и сосредоточиться на их нуждах, особенно когда многие вокруг нас все больше и больше поглощены собой. Но в брачном завете нет места эгоизму. Эгоцентризм истощает нас, ослабляет наше единство и может причинить огромный вред.

Однако сердце Бога и Его мотивы заключения завета с нами совершенно иные, как это ясно показывает пример Господа нашего Иисуса Христа.

Говоря о Себе, Иисус сказал:

Ибо и Сын Человеческий не для того пришел, чтобы Ему служили, но чтобы послужить и отдать душу Свою для искупления многих.

Марка 10:45

В Послании к Филиппийцам 2:5-11 апостол Павел рассказывает о том, как Иисус, будучи Богом и Царем всего мира, уничижил Себя и принял вид смиренного слуги. Большинство монархов никогда бы не подумали о том, чтобы поменяться местами с одним из своих слуг, но именно так поступил Иисус! Он оставил Свой трон и пришел в этот мир не для того, чтобы править, но чтобы служить. Он предлагает альтернативу нашему Себялюбию и эгоцентризму. Он демонстрирует сердце и отношение истинного слуги и показывает нам лучший образ жизни.

Если мы хотим (заново) покорить сердце своего партнера и вместе возрастать в любви и единении, нам следует подражать примеру Христа. Вместо того чтобы цепляться за свои права и ждать, как король и королева, когда нас обслужат, мы должны сойти со своего трона и спросить: «Что самое лучшее для моего супруга?» Когда мы оставим свой эгоизм и научимся служить друг другу в смирении, как это делал Христос, и в той силе, которую Он дает, наша любовь и единство будут крепнуть.

Пауза для размышления

- Что меняет в вашей жизни осознание того, что ваш брак основан на священном завете?
- В каких случаях вы были эгоистом в своем браке?
- Как вы можете любить своего партнера и служить ему, подражая примеру Иисуса?

Если это необходимо, попросите прощения у партнера. Вы можете сказать: *Дорогой мой (имя). Я так сожалею, что часто ставил(а) себя на первое место и был эгоистом. Прости меня, пожалуйста!*

Глава 3

НОВОЕ ТВОРЕНИЕ

Двое становятся одним

Бог создает нечто новое посредством брачного завета. Этот завет заключается между Богом, мужем и женой. Больше никого нет. Однако многим из нас брак кажется более многолюдным! Как будто в нем присутствуют другие лица, от которых мы не совсем свободны. Это могут быть наши собственные родители или родители супруга, братья и сестры, близкие друзья или даже бывшие партнеры и т. д. Важно честно взглянуть на свой брак и помолиться о свободе, если мы не чувствуем себя свободными.

В этой главе мы сосредоточимся на двух ключевых направлениях: наши отношения с родителями и свобода от предыдущих сексуальных партнеров. Однако те же принципы и молитвы вы можете применить и ко многим другим отношениям.

Взаимоотношения с родителями

Как мы уже отмечали ранее, в глазах Бога брак — это всегда новое творение. В Бытие 2:24 читаем:

Потому оставит человек отца своего и мать свою и прилепится к жене своей; и будут двое одна плоть.

Таким образом, Божий замысел в отношении брака состоит в том, чтобы мужчина и женщина, оставив отца и мать, создали глубокий и интимный союз друг с другом. Мы обнаружили, что многие проблемы в браке коренятся в том, что либо муж, либо жена, либо оба не полностью свободны от своих родителей на эмоциональном или духовном уровне. Из-за отсутствия такой свободы между супругами может возникнуть напряженность.

Часто проблема заключается даже не в том, что родители не хотят отпускать своих женатых детей, а в том, что по каким-то причинам дочь или сын не чувствуют себя полностью свободными от родителей. В результате он или она не может расти в более глубоком единстве со своим супругом, как это задумано Богом. А ведь уход от родителей и соединение с супругом — это важнейшее условие достижения единства.

Большинство родителей желают нам добра и хотят для нас самого лучшего. Зачастую они дают советы с благими намерениями. Но пара должна научиться принимать собственные решения, не испытывая давления и манипуляций со стороны родителей или родственников.

Вопросы

- Чувствуете ли вы себя эмоционально свободным от своих родителей?
- Свободен ли ваш партнер от своих родителей?

Если кто-то из вас не чувствует себя свободным в отношениях с родителями, возможно, вам нужно помолиться и разорвать все нежелательные духовные или эмоциональные связи с ними. Когда мы молимся таким образом, мы не говорим, что наши родители все делали неправильно. Мы также не осуждаем их. Мы не отвергаем их как людей, не отказываемся от них и не вычеркиваем их из своей жизни. Речь идет лишь о том, что мы можем стать полноценной парой только в том случае, если сначала уйдем от родителей. Этот уход подразумевает также и свободу в организации собственной жизни и принятии собственных решений, даже при наличии доброжелательных советов или кажущегося вмешательства.

Когда мы обретем эмоциональную и духовную свободу от родителей с обеих сторон, мы сможем вместе устанавливать здоровые границы. Мы также сможем реагировать с должной любовью и уважением, когда будем видеть, что границы нарушаются. Этот же принцип применим и к другим отношениям. Способность устанавливать границы на разных уровнях очень важна, если мы хотим сохранить более глубокое единство и наслаждаться им.

Молитва

Совместная молитва о свободе может быть очень действенной и существенно изменить ситуацию. Мы обнаружили, что даже пары, прожившие в браке много лет, не всегда чувствуют себя полностью свободными от своих родителей. Однако приведенная ниже молитва может принести мир и единство, и молиться ею никогда не поздно. Вы можете молиться так:

Во имя Иисуса Христа я разрываю все душевные связи и узы между мной и моими родителями в духовной сфере, которые не от Бога. Я провозглашаю, что теперь я замужем / женат и живу в союзе с моим

мужем / женой как часть нового творения, создан-
ного Богом и находящегося в завете с Ним. Теперь
мы являемся отдельной и самостоятельной семьей.
Я благодарю Тебя, Господи, за моих родителей и бла-
гословляю их во имя Иисуса.

Свобода от предыдущих сексуальных партнеров

Хороший секс в браке оживляет и обновляет отношения, приносит ощущение общего благополучия, удовлетворения, безопасности и сопричастности. Это, в свою очередь, укрепляет наше единство и наполняет обоих партнеров новыми силами и жизнью. Поскольку секс обладает такой силой, апостол Павел призывает супружеские пары не пренебрегать им и не брать в привычку не спать вместе:

Не уклоняйтесь друг от друга, разве по согласию, на
время, для упражнения в посте и молитве, а потом
опять будьте вместе, чтобы не искушал вас сатана
невоздержанием вашим.

1 Коринфянам 7:5

Павел не говорит о том, что сексом нужно заниматься по команде. Мы — люди, а не роботы, поэтому важно уделять время созданию романтической атмосферы, в которой мы оба чувствуем себя комфортно, можем открыться и испытывать желание друг к другу. На секс влияет и то, что происходит в наших отношениях в целом. Хорошее общение, умение быстро справляться с обидами, возникающими между нами, быстро прощать друг друга — все это способствует созданию атмосферы, в которой секс будет приносить удовлетворение, и мы рассмотрим эти вопросы в последующих разделах.

В этой главе основное внимание уделяется тому, что мы должны стать единым целым, однако это может быть труднодостижимо, если мы не свободны от предыдущих сексуальных партнеров. Это связано с тем, что, когда мы занимаемся сексом вне защитных границ брачного союза, возникают нечестивые душевные связи. Духи, не принадлежащие Богу, могут войти в нашу жизнь через другого человека. Это лишает нас внутренней свободы. У партнера также может возникнуть ощущение, что кто-то или что-то мешает нашей связи.

Поэтому, если раньше у нас были сексуальные партнеры, важно разорвать все установившиеся с ними эмоциональные и духовные связи, чтобы мы могли полностью соединиться с мужем или женой, как это задумано Богом.

Вопрос

- Чувствуете ли вы себя свободным от предыдущих сексуальных партнеров?

Молитва

Если вы не чувствуете себя свободным, мы предлагаем вам помолиться следующей молитвой:

Иисус, прости меня за то, что я занимался сексом с __________. Пожалуйста, прости меня и очисти меня. Во имя Твое я разрываю связь с (имя, если известно) ________ в духовном мире и разрываю все нечестивые душевные связи с ними. Я говорю каждому духу, который вошел в меня через эту связь, чтобы он покинул меня сейчас же во имя Иисуса.

Часто при произнесении этой молитвы люди ощущают тяжесть или напряжение в теле, а затем легкость или чувство свободы, когда они вспоминают о бывшем партнере. Повторяйте эту молитву для каждого человека или ситуации, которую Святой Дух приводит вам на память, пока не почувствуете себя полностью свободными. Если у вас остались раны от прежних отношений, их также необходимо исцелить. Как это сделать, мы рассмотрим в разделе, посвященном исцелению.

Примечание. Не всегда бывает уместно обсуждать предыдущие сексуальные отношения с мужем или женой. Это может причинить им излишнюю боль или смутить. В этом случае помолитесь этими молитвами наедине с собой.

ВЫЯВЛЯЕМ ПРЕПЯТСТВИЯ НА ПУТИ К ЕДИНСТВУ

Институционализованный хаос

Подобно тому, как гребцы в тандеме могут легко сбиться с ритма, если их отвлечь, так и супружеские пары могут по разным причинам внезапно потерять слаженность. Выявление того, что нарушило наше единство, — первый шаг к его восстановлению. В этой главе мы рассмотрим, как языковые и культурные различия, ложь и негативные модели поведения могут систематически мешать нашим усилиям стать более сплоченными. Как только мы поймем, что происходит, ситуация начнет меняться.

Языковые и культурные различия

Наш брак — это смешение трех национальностей и четырех культур! Дэниел родом из Швейцарии, Эстер — британо-швейцарка, которая родилась и провела свои детские годы в Кении. Вскоре после свадьбы мы переехали в Аргентину, где прожили десять лет, и там родились наши трое детей. Такое разнообразие культур и языков, безусловно, добавило в нашу жизнь красок и сделало ее более интересной, однако в то же время нам пришлось приложить немало усилий, чтобы достичь того уровня единства, которым мы сегодня наслаждаемся как пара и семья. Научиться понимать друг друга было не всегда просто.

Язык — забавная штука. Случалось ли в вашей жизни так, что вы сказали одно, а собеседник понял совершенно другое, причем никто из вас этого не осознал? Родители Дэниела любят рассказывать историю о том, как его мать впервые познакомилась с семьей его отца. Мать Дэниела родом из Цюриха, а отец — из Берна. Если вы хоть что-то знаете о Швейцарии, то должны понимать, что в культурном и языковом аспектах это два разных региона, несмотря на то, что между ними всего час езды и у них один основной язык! В воскресенье после церкви кто-то подошел к матери Дэниела и сказал на густом бернском диалекте: «Я много слышал о вас. Ничего, кроме хорошего!» Но для его матери это прозвучало так: «Я много слышал о вас. Ничего хорошего!» Она была потрясена и подумала: «О нет! Что же я такого сделала, что люди столь плохого мнения обо мне?..» Представьте себе, какое облегчение она испытала, когда узнала, что все это было лингвистическим недоразумением. И что все ее любят!

Языковые и культурные различия могут мешать нам двигаться к более глубокому единству, поэтому стоит уделить время тому, чтобы поразмыслить над всеми различиями и постараться понять друг друга. Если вы боретесь с культурными или языковыми проблемами в своем браке, не унывайте! Единство возможно — даже в межкультурном или многоязычном браке. Просто для этого может потребоваться немного больше веры, терпения и решимости!

Когда ложь становится проблемой

Однажды мы сидели в кафе, наслаждаясь минутами тишины. Зашла пожилая пара и села за столик рядом с нашим. Через некоторое время женщина вдруг громко сказала: «Знаешь, в последнее время ты так много врешь мне, что я больше не верю ни одному твоему слову!» Мы встречали немало людей, которые, как и тот мужчина, относятся к правде скептически. Но мы считаем, что такое отношение является одной из причин краха многих взаимоотношений. Ведь если вы не знаете, что именно произошло в той или иной ситуации, что стало причиной обиды, боли, потери или хаоса, то трудно прийти к согласию относительно того, кто перед кем и за что должен извиняться. А еще труднее простить друг друга и двигаться дальше вместе, в мире, единстве и доверии.

Ложь, как правило, оставляет после себя разочарование, горечь и обиду. Эти негативные реакции, в свою очередь, могут накапливаться и гноиться внутри нас, формируя почву для дальнейшего раздора. Говорить правду важно в любых отношениях, не только в браке. Когда люди лгут и искажают факты в угоду себе, любые отношения становятся напряженными! Если вы тот, кому лгут, вы будете постоянно сомневаться в другом человеке. Говорит ли он / она правду? А если нет, то почему? В чем может быть правда? Что он / она мне не говорит?

Многие люди с раннего детства, дома или в школе, учатся перекручивать события так, чтобы не оказаться виноватыми. Если им удается избежать наказания, ложь быстро становится привычкой, которую они берут с собой во взрослую жизнь, а нередко и в брак. Но искажение правды, как бы вы ни пытались это преподнести, сродни лжи, и именно так к этому надо относиться. Хорошая весть заключается в том, что даже взрослые люди могут научиться говорить правду и признавать свою вину там, где это необходимо. Мы не обязаны быть совершенными все время. Бог милостив, терпелив и прощает. Но мы должны признавать свои ошибки и проявлять решимость изменить свои поступки.

Вопросы для размышления

- Трудно ли вам говорить правду?
- Была ли ложь проблемой в вашей семье?

Молитва

Правда освобождает нас и укрепляет доверие. Если ложь является проблемой в вашей жизни, то, чтобы получить свободу, вы можете воспользоваться следующими молитвенными шагами.

1. Простите всех родителей, родственников или предков, для которых ложь была / есть проблемой.
2. Попросите Бога простить вас за то, что вы продолжали грешить, не относясь к правде серьезно и обманывая. Примите Божье прощение.
3. Как супруги, попросите друг у друга прощения, если вы лгали друг другу. (Это может относиться и только к одному из супругов.)
4. Если ваш партнер солгал вам, принесите всю боль, которую вы испытываете в связи с этим, Иисусу. Попросите Его исцелить вас от боли.
5. Отрекитесь от духа лжи и прикажите ему оставить вас во имя Иисуса Христа. Продолжайте молиться до тех пор, пока не почувствуете себя свободным.

Негативные модели поведения

Если мы не будем осторожны, наши негативные поступки и реакции могут превратиться в повторяющиеся манеры поведения, которые отдаляют нас друг от друга, отнимают у нас надежду и высасывают энергию. Но их можно распознать и преодолеть. Мы обнаружили, что большинство супружеских пар в тот или иной момент сталкивались с негативными моделями поведения в браке. Многие из них можно выявить, проанализировав свои ссоры. Есть ли определенные слова, взгляды, жесты или ситуации, которые обычно приводят к одним и тем же старым спорам или ссорам?

Некоторые из этих негативных привычек могут иметь давние корни. Возможно, мы годами придерживались нежелательных моделей поведения. В дополнение к этим негативным привычкам, сформировавшимся со временем в результате нашего взаимодействия в паре, мы могли привнести в свой брак негативное поведение и отношение. Они представляют собой дополнительный слой проблем, с которыми необходимо бороться по мере того, как мы движемся к укреплению единства в паре.

Пример. Взросление в условиях зависимости и насилия

Мы работали со многими женщинами, у которых были, по их мнению, плохие отношения с отцом. Возможно, он был алкоголиком и склонен к насилию в пьяном виде. Майя — одна из таких женщин. По мере взросления в ее сердце зародились семена глубокого недоверия к мужчинам, а в голове укоренилось неправильное мышление. В глубине души она боится, что все мужчины похожи на ее отца или, по крайней мере, могут стать такими, как он. Но однажды она встречает Роба, и он кажется ей хорошим человеком. Они влюбляются друг в друга и женятся. Но она так и не смогла разобраться в своих отношениях с отцом. Глубоко укоренившееся недоверие к мужчинам осталось. Хотя Майя этого не осознает, ее основное убеждение в отношении мужчин, а по умолчанию и ее мужа, таково: «Мужчины безответственны, им нельзя доверять и на них нельзя положиться. Для меня лучше и безопаснее все делать самой и не подпускать мужа слишком близко». Она берет на себя ведущую роль в доме и держит Роба на безопасной эмоциональной дистанции.

Как Роб может отреагировать на вербальное или невербальное указание жены на то, что ему нельзя доверять? Ну, он, конечно, догадается о ее чувствах. На каком-то уровне он поймет, что она ему не доверяет. Это обидно для любого мужчины и обычно приводит к конфликту. Хотя этот пример может показаться слишком упрощенным, он служит иллюстрацией того, как негативные модели поведения могут быть заложены в самом начале жизни и как недоверие может повлиять на брак.

Для того чтобы разрушить эту негативную модель поведения, Майя должна захотеть и быть готовой взглянуть на свои отношения с отцом и проанализировать, как они на нее повлияли. Возможно, ей потребуется исцеление от различных болезненных воспоминаний. Ей также нужно будет простить отца за то, что он обидел и подвел ее и всю семью. Возможно, ей нужно освободиться от духа недоверия к мужчинам. Возможно, ей придется попросить прощения у Бога и Роба за то, что она взяла все на себя и контролировала мужа своим недоверием. В свою очередь, Робу нужно будет попросить прощения у Бога и Майи, если он реагировал на ее поведение и сигналы гневом и агрессией или пассивностью и отстраненностью.

Это лишь один пример из множества возможных негативных моделей отношений между мужьями и женами, которые мы как молитвенные консультанты наблюдали в своей многолетней работе. Но мы также видели, как Бог помог множеству пар разрушить их негативные модели поведения и получить исцеление и свободу.

Святой Дух ведет нас и помогает нам обнаружить препятствия на пути к единству, которые лежат глубоко внутри нас. Он прекрасно помогает нам найти и выбросить тот «мусор», от которого необходимо избавиться. Он помогает нам очистить нашу жизнь и брак, чтобы мы могли возрастать в единстве и испытывать все большую радость и удовлетворение вместе.

Пауза для размышлений

- Есть ли в вашем браке негативная модель поведения?
- Приводят ли одни и те же ситуации к одним и тем же ссорам? Если да, то когда появилась эта негативная модель поведения? Она существует с самого начала вашего брака или ее провоцируют определенные слова, взгляды или ситуации?

ПРЕОДОЛЕВАЕМ ПРЕПЯТСТВИЯ НА ПУТИ К ЕДИНСТВУ

Знакомство с молитвенными инструментами

Когда мы определили препятствия на пути к единству, как нам справиться с грехами, обидами и духами, которые их подпитывают? Эффективный способ сделать это — воспользоваться молитвенными инструментами исцеления и освобождения. Далее в различных разделах мы поочередно познакомим вас с каждым из них и покажем, как их применять и комбинировать. Мы очень любим эти инструменты и пользовались ими для разрешения многих конфликтов в нашем браке! В каждом случае Святой Дух показывал нам, где кроется проблема и какие шаги нужно предпринять, чтобы преодолеть ее и вновь обрести мир, как это показывает следующий пример из нашей жизни.

Гнев без видимой причины

Однажды я, Дэниел, разозлился на Эстер, но не знал почему! Казалось, что что-то, сказанное ею, вызвало во мне непонятную негативную реакцию. Я сказал себе: «Я не хочу весь день злиться или несправедливо обвинять свою жену. Попрошу Святого Духа показать мне, что происходит внутри меня!»

Во время молитвы я вдруг вспомнил школу, в которой учился в детстве, и одну из учителей. Я не смог сразу увидеть связь между тем, что я чувствовал в настоящий момент (злость на жену), и этим воспоминанием. За исключением того, что Эстер — квалифицированный учитель. Но когда я задумался об этом, то понял, что́ Святой Дух пытается мне сказать! Видите ли, эта учительница часто обращалась с нашим классом очень несправедливо. Мы все время были в напряжении, пытаясь угадать, к кому она придерется в следующий раз, и надеясь, что мы не сделали ничего такого, что могло бы ее рассердить.

Меня осенило, что я так и не простил ее. А поскольку она была нашей учительницей в течение трех лет и нам приходилось иметь с ней дело ежедневно, во мне накопилось много злости! Я никогда ни с кем не говорил об этом и не отпускал. Но Святой Дух знал, что это все еще внутри меня. Он помог мне наконец выразить всю несправедливость происходящего. Используя молитвенные инструменты, я смог отнести свой гнев к Иисусу и положить его к подножию креста, а также простил учительницу за то, что она терроризировала нас в классе.

После такой молитвы я сразу же почувствовал умиротворение. Злость на Эстер исчезла, что стало облегчением для нас обоих! Если бы я не знал, что могу попросить Святого Духа показать мне корень моего гнева и как с ним справиться, я мог бы весь день пребывать в плохом настроении и в итоге поссориться с женой.

Как видно из этого примера, мы можем расстраиваться либо злиться на своего партнера вовсе не потому, что он сказал или сделал что-то плохое! Возможно, определенные слова, взгляды или действия вызывают в нас реакцию, связанную с чем-то другим в нашей жизни, что нам необходимо проработать. Такая реакция может быть признаком того, что нам надо простить кого-то или признать давнюю обиду и получить исцеление.

Многие люди подавляют эмоциональную боль, загоняют ее вглубь, прячут, не позволяя себе выразить ее и справиться с ней должным образом. Вместо того чтобы получить внутреннее исцеление и двигаться дальше, мы остаемся с необъяснимым гневом, обидой и непрощением. Но Святой Дух может показать нам, где и в чем кроется наша настоящая проблема. Он может исцелить и освободить нас!

Поколенческие проблемы

Иногда проблемы, с которыми сталкиваются люди, такие как ложь, ненависть или непрощение, на самом деле были в их семье на протяжении многих поколений. Подобный поколенческий «багаж» может отягощать нас и мешать ощутить глубокую любовь, искреннюю дружбу и тесное единение, к которым мы так стремимся.

Молитвенное размышление о семье, в которой вы родились, может стать эффективным шагом в преодолении поколенческих препятствий на пути к единству в браке. Библия говорит, что грехи предшественников могут отразиться на их потомках вплоть до третьего и четвертого поколения (см.: Исход 20:5). Мы видели подтверждение этому на примере многих супружеских пар, с которыми общались на протяжении многих лет. Точно так же тенденция к повторению определенных грехов часто переходит из поколения в поколение — до тех пор, пока кто-то не положит этому конец.

Стоит присмотреться, нет ли в ваших семьях негативных черт характера или поведения, с которыми каждый из вас сталкивается в браке. С уважением посмотрите на жизнь своих родителей, дедушек, бабушек, прадедушек и прабабушек и сравните ее со своей собственной. Боролся ли кто-то из них с теми же проблемами, что и вы?

Например, у нас обоих были проблемы с гневом. Мы могли очень сильно разозлиться и причинить друг другу боль своими вспышками. В определенные моменты на нас как будто наваливалось что-то, что не было частью нас самих, и это было очень трудно контролировать. Мы поняли, что этот сильный гнев был присущ семьям с обеих сторон, и решили покончить с ним. Применяя молитву об освобождении от гнева, описанную в этой главе, мы простили наших предков за то, что гнев передался нам в качестве духовного наследства, и покаялись в том, что продолжаем грешить. Затем мы велели духу гнева уйти из нашей жизни, и он ушел. С тех пор мы умеем правильно контролировать гнев и справляться с ним, и у нас не было серьезных супружеских конфликтов, связанных с гневом.

Если вы боретесь с поколенческими проблемами, которые влияют на ваше супружеское единство, не унывайте. Как и мы, вы можете стать свободными! У нас есть враг в невидимом мире, который не хочет, чтобы мы были счастливы вместе. Он хочет, чтобы мы ссорились, поддавались гневу и в итоге оказались разобщенными, преисполненными обиды, жалости к себе, и даже ненависти друг к другу. Но Бог дал нам мощное оружие — действенные молитвенные инструменты, с помощью которых мы можем положить конец его планам и разрушить его власть в нашей жизни и браке.

Иногда супругу легче увидеть негативные черты и проблемы в нашей жизни, нежели нам самим. Но если мы подойдем к этому вопросу со взаимной любовью и смирением, то можем удивиться тому, что́ сумеем выявить вместе. После того как мы определили поколенческие проблемы, присутствующие в нашей жизни, мы готовы принести их Иисусу. Память о Его жертве за нас на кресте поможет нам простить наших родителей и предков за то, что они передали нам свои черты, а также за последствия их грехов, которые могут отражаться на нас сегодня. Это также настраивает нас на покаяние в тех грехах, к которым мы сами относимся терпимо и продолжаем их совершать.

Вопросы

- Можете ли вы назвать какие-либо негативные черты характера, грехи или проблемы, присущие вашей семье?
- Присутствуют ли они в вашем браке сегодня? Если да, то как они влияют на ваши отношения?

Молитва о свободе

Вы можете воспользоваться следующим молитвенным инструментом, чтобы принести эти проблемы Богу.

1. Расскажите Иисусу, от чего вы хотите освободиться.
2. Простите тех членов своей семьи, которые передали вам эту негативную склонность.
3. Попросите Бога простить вас за повторение грехов ваших предков.
4. Прикажите духу, стоящему за этим грехом, оставить вас во имя Иисуса Христа.
5. Поблагодарите Иисуса за то, что Он освободил вас!

Пример: молитва о передающемся от поколения к поколению гневе

Чтобы освободиться от родового гнева, прежде всего необходимо простить своих предков за то, что они удерживали гнев в своей жизни. Затем попросите Бога простить вас за то, что вы продолжаете совершать тот же грех. Попросите у Него прощения за те случаи, когда вы своим гневом причиняли боль другим.

Молитва может быть такой:

Дорогой Господь Иисус, я хочу быть свободным от гнева! Я прощаю своих предков за то, что они удерживали гнев в своей жизни и передали эту склонность мне. Прошу также простить меня за мои собственные приступы гнева и за то, что я причинял боль другим, когда злился. Я повелеваю духу гнева оставить меня немедленно, во имя Иисуса Христа.

Когда вы молитесь об освобождении, то можете почувствовать физическую реакцию в своем теле. Это может быть чувство тошноты, давление в голове, желудке или груди, которого не было до начала молитвы. Вы можете почувствовать внезапную легкость или ощущение, что что-то покидает вас. Мы часто ощущали освобождение именно таким образом. Важно продолжать молиться, пока не почувствуете покой и не убедитесь, что дух ушел. В этом случае вы должны заметить разницу. Например, вы можете обнаружить, что способны лучше контролировать себя в ситуациях, которые раньше приводили вас в ярость.

Примечание. Шаги молитвы об освобождении можно применить и к другим проблемам, таким как ненависть к мужчинам или женщинам, страх, потребность контролировать, горечь и т. д.

Глава 6

КАК РАСТИ В ЕДИНСТВЕ. ШЕСТЬ СОВЕТОВ

Вдохновение для повседневной жизни

Практические решения часто идут рука об руку с молитвами об исцелении и освобождении. В заключение этого раздела мы приводим список из шести вещей, которые вы можете сделать уже сегодня, чтобы помочь росту и укреплению любви, дружбы и связи между вами. Мы надеемся, что этот краткий список оживит ваше воображение, вдохновит на собственные творческие идеи и поможет найти то, что лучше всего подходит именно вам.

1. Ешьте вместе

Совместная трапеза создает ощущение единения, способствует общению и дружбе. Рассматривайте завтрак/обед/

ужин не только как возможность получить питательные вещества и жидкость во избежание упадка сил, но и как золотые моменты в вашем дне или неделе, когда можно насладиться совместным времяпрепровождением, пообщаться и узнать, как идут дела.

2. Планируйте свидание

Независимо от того, месяцы вы женаты или несколько десятков лет, вы все равно можете ходить на свидания, как и до свадьбы. Некоторые пары забывают об этом! Выберите удобное для вас обоих время и отметьте его в своем ежедневнике. И затем выполните запланированное. Свидание не обязательно должно быть изысканным или дорогим. Главное — посвятить время только вам двоим и провести его так, чтобы это понравилось вам обоим.

3. Совместные занятия

Многие пары занимаются домашними делами и проводят досуг по отдельности. Однако при таком подходе у супругов может оставаться мало времени, которое они провели бы вдвоем. Старайтесь делать как можно больше вместе и помогать друг другу. Тщательно планируйте свое свободное время. Узнайте, что любит ваш партнер, и будьте готовы подстроиться под его интересы, чтобы вы занимались тем, что нравится вам обоим. Совместное планирование поездок, интересных мероприятий или праздников даст вам обоим повод для радости и поможет сохранить свежесть вашей любви.

4. Работа над общими проектами

Сосредоточение внимания на чем-то, выходящем за пределы вашей четы, может быть очень полезным. Помощь другим, участие в церковной жизни, участие в проектах по месту жительства, поддержка благотворительных организаций или даже игра в местной спортивной команде — все это дает возможность расти и вносить свой вклад. Не обязательно делать вместе все. Но интересуйтесь тем, что делает ваш партнер, и при необходимости оказывайте ему поддержку.

5. Ищите сокровища

В процессе устранения препятствий на пути к единству легко зациклиться на негативных моментах и на том, что требует изменений. Постоянно напоминайте себе о том чудесном, что есть в вашем браке. Подумайте о хороших качествах своего партнера. В чем он особенно хорош? Что вам больше всего в нем нравится? Каждый из нас драгоценен, создан восхитительным Богом. Даже если вам придется поискать немного дольше и усерднее, вы обязательно найдете в своем партнере что-то прекрасное.

6. Прогуляйтесь по страницам памяти

Задумайтесь на минуту и спросите себя: почему я влюбилась в своего мужа / жену? Что в нем или в ней меня восхищало или привлекало? Какие воспоминания о нашей совместной жизни мне больше всего нравятся?

Проведите время, вспоминая о том, как вы нашли друг друга, и радуясь тому, что вы есть друг у друга и сегодня. Послушайте любимую песню, которая была важна для вас, когда вы только начали встречаться, или посетите место, которое было особенным для вас обоих. Поделитесь воспоминаниями о том, как вы встречались и как жили в браке. Дайте друг другу понять, что, независимо от того, через что вы прошли или с чем можете столкнуться, *«ты по-прежнему любовь всей моей жизни!»*.

ОБЩЕНИЕ

Учимся общаться лучше

ЗАКЛАДЫВАЕМ ПРАВИЛЬНЫЙ ФУНДАМЕНТ

Общение способствует развитию отношений

Это должен был быть самый счастливый день в нашей жизни. Но он казался самым ужасным. По крайней мере, в течение тридцати минут, пока я, Дэниел, стоял у входа в празднично украшенную церковь, вглядываясь в обеспокоенные лица друзей и родственников, которые собрались, чтобы стать свидетелями нашего союза. Или того, что, как они надеялись, будет нашим союзом, поскольку моя невеста еще не приехала... Я сжал челюсти и подавил в себе чувство нарастающей тревоги, пытаясь заставить себя мыслить рационально. Эстер не отличалась пунктуальностью, я это знал. Но она обещала мне, что сегодня, в день нашей свадьбы, она обязательно будет вовремя. Оставалось два варианта. Либо она попала в страшную аварию по дороге в церковь. Либо она была одной из тех сбежавших невест...

К счастью, ни тот, ни другой сценарий не оправдался. Просто из-за недоразумения ей пришлось задержаться в парикмахерской. В те времена еще не было смартфонов, поэтому Эстер попросила кого-то, кто ехал в церковь, сообщить мне, что она уже в пути. Но этого кого-то отвлекли внезапные технические проблемы, и сообщение мне так и не передали!

По разным причинам коммуникация может пойти не так, как хотелось бы, что приводит к обидам, разочарованиям и недовольству. К сожалению, это был не последний наш казус в общении, в течение следующих лет у нас были и другие инциденты. Некоторые из них усугублялись тем, что мы говорили на разных языках и были выходцами из разных культур. Но мы поняли, что если хотим быть счастливы вместе и жить в здоровом, крепком браке, то должны приложить усилия и научиться лучше общаться друг с другом.

Сегодня мы можем сказать, что наша упорная работа принесла плоды. Сейчас мы находимся совсем на другом уровне общения, чем тогда, когда много лет назад давали клятву перед радостно взволнованной общиной. Мы верим, что, как и мы, любая пара, независимо от того, насколько сложным может быть общение в данный момент, с Божьей помощью, а также имея знания, правильное понимание и инструменты, может научиться общаться лучше.

Хорошая и плохая коммуникация

Мы можем общаться на разных уровнях, не произнося ни слова. Ведь общение — это гораздо больше, чем просто говорить или слушать друг друга. Мы общаемся с помощью мимики, глаз, действий, поз, прикосновений и сексуальных ощущений. Все эти каналы общения позволяют нам объединять и связывать наши жизни, а без общения не может быть настоящих отношений.

Хорошие коммуникативные навыки — это не обязательно то, с чем мы рождаемся. Многие из нас должны научиться хорошему общению. Еще до сотворения мира Бог — Отец, Сын и Святой Дух — находились в общении и взаимоотношениях друг с другом. Но Бог любит также общаться с нами, людьми, и делает это по-разному! Например, Он говорит с нами через творение, чтобы каждый мог услышать и понять. Иногда Он обращается к нам напрямую и лично через яркие сны или мысли. В других случаях Он говорит, используя обстоятельства или других людей. Но главным образом Бог говорит с нами посредством Своего Слова — Библии. Поэтому неудивительно, что в Библии много говорится об общении! Вот лишь несколько примеров того, как следует говорить и слушать:

- *Итак, братия мои возлюбленные, всякий человек да будет скор на слышание, медлен на слова, медлен на гнев...* (Иакова 1:19).
- *Кроткий ответ отвращает гнев, а оскорбительное слово возбуждает ярость* (Притчи 15:1).
- *Никакое гнилое слово да не исходит из уст ваших, а только доброе для назидания в вере, дабы оно доставляло благодать слушающим* (Ефесянам 4:29).
- *Иной пустослов уязвляет как мечом, а язык мудрых — врачует* (Притчи 12:18).
- *Слово ваше да будет всегда с благодатию, приправлено солью, дабы вы знали, как отвечать каждому* (Колоссянам 4:6).
- *При многословии не миновать греха, а сдерживающий уста свои — разумен* (Притчи 10:19).

Как показывают эти библейские стихи, общение может иметь как положительный, так и отрицательный эффект. То, что мы говорим, и то, как мы это говорим, очень важно! Как добрые, так и резкие слова имеют силу и последствия. Хорошее общение исцеляет и укрепляет другого человека. Выбор правильных слов и ответов позволяет предотвратить грех и избежать ненужных конфликтов. Плохое общение, напротив, оскорбляет и провоцирует гнев. Оно причиняет боль, угнетает и приводит к греху. Когда это происходит между мужем и женой, результатом становится разделение и разобщенность. Если единство делает брак крепким и сильным, то разобщенность ослабляет его.

Приняв меры по оздоровлению и улучшению нашего общения, мы можем преодолеть разделение и восстановить единство. А когда наше единство восстанавливается благодаря лучшему общению, открывается путь к прекрасным, романтическим отношениям. Чувство понимания друг друга бесценно и открывает дверь к более полному сексуальному удовлетворению. И наоборот, романтика и сексуальная близость страдают в отношениях, где нет хорошего общения. Если вы не чувствуете, что вас понимают, вы вряд ли будете чувствовать себя очень близкими друг другу, а частота и качество ваших занятий любовью, скорее всего, снизятся.

Пауза для размышлений

- Случались ли в вашем браке казусы в общении?
- В каких областях вы хорошо общаетесь друг с другом?
- В каких областях вы могли бы улучшить свое общение?

ОПРЕДЕЛЯЕМ ПРИОРИТЕТЫ В ОБЩЕНИИ

Хорошая коммуникация — дело нелегкое

Как супружеская пара, мы не застрахованы от духовной битвы, разыгравшейся в невидимом мире. У нас есть враг, который наслаждается тем, что препятствует общению и способствует непониманию между нами, где только возможно. Такова его стратегия. В древнегреческом языке, на котором написан Новый Завет, этот враг наших душ называется *diabolos*. Это существительное происходит от греческого глагола *diabollo*, который означает «обвинять, клеветать» или, буквально, «запутывать». Когда мы обвиняем и упрекаем друг друга, говорим плохо о своем партнере другим, мы совершаем поступки, которые ослабляют или даже разрушают наш брак. А вот добрые слова по отношению друг к другу укрепляют наши отношения.

Мы помним, как готовились к отъезду из Аргентины, где жили и работали десять лет. Последние несколько недель были особенно напряженными. Мы не знали, навсегда ли мы уезжаем или вернемся через несколько месяцев. Нужно было принять много решений и полностью передать нашу работу местным сотрудникам, а также собрать вещи и позаботиться о множестве разных мелочей. Кроме того, мы должны были подготовиться к предстоящим визитам в церкви Англии, которые преданно поддерживали нас на протяжении многих лет. С тремя маленькими детьми, о которых нужно было заботиться, мы переживали сложный период в нашем браке, и наши нервы были на пределе. Бывало, что вместо того, чтобы по-дружески обсудить, что нужно сделать и кто чем займется, мы в итоге упрекали и обвиняли друг друга! Позже мы смогли поговорить об этом и попросить прощения за причиненные обиды. Но, оглядываясь назад, мы понимаем, что могли бы больше поддерживать друг друга, если бы изначально лучше общались.

Меняем взгляд на вещи

Представьте себе мужа, пришедшего домой уставшим и удрученным. У его был трудный день на работе, полный проблем и напряжения. Он ничего не говорит жене и старается не подавать виду, что что-то не так. Но внутри он все равно огорчен и немного обеспокоен тем, как обстоят дела. Жена не спрашивает его, как прошел день, и не знает, что он так расстроен. С ее точки зрения, все замечательно!

Если мы не говорим супругу о своих чувствах или о причинах их возникновения, это чревато непониманием, напряжением или ссорой. Мы можем легко обидеться или рассердиться на него, когда на самом деле расстроены или обеспокоены чем-то другим. Вместо того чтобы объяснить, что мы немного нервничаем по той или иной причине или что просто плохо себя чувствуем, мы в итоге обижаем супруга.

Если вы коммуникабельны от природы, то вам, вероятно, будет легче рассказать о том, что происходит в вашей жизни и что вы чувствуете в связи с этим. Если же вы не очень разговорчивы или не привыкли делиться с другими, то вам может понадобиться помощь в этом вопросе. Зачастую дело не в том, интересуют вас другие или нет, хотя молчание может свидетельствовать об этом. Возможно, вы просто не привыкли говорить о себе, своих чувствах и мыслях и не знаете, с чего начать и что сказать.

Точно так же никто из нас не может читать мысли своего супруга, хотя многие думают, что могут! Поэтому нам приходится прибегать к другим способам узнать, что на самом деле чувствует наш муж или жена. Один из лучших способов — задавать вопросы. Хорошо известно, что беседу ведет тот, кто задает вопросы. Задавая вопросы, вы показываете, что вам интересен собеседник. Для начала можно просто спросить мужа или жену, что они делали в этот день. Или как прошел их день. На данном этапе вы можете просто обмениваться информацией. Затем можно перейти на уровень эмоций, задавая вопросы о чувствах. Например, можно спросить, не было ли им трудно, или как они восприняли то, что кто-то им сказал. Или беспокоит ли их то, что произошло, и т. д.

Старайтесь не заваливать партнера вопросами — иначе это может быстро превратиться в допрос! Лучше научитесь находить подходящий момент и задавать такие вопросы, которые будут свидетельствовать о вашей искренней заинтересованности и заботе. Ищите возможность общаться на этом уровне каждый день, и тогда вы оба сможете быть в курсе того, как обстоят дела у каждого из вас.

Создание культуры доверия

Однажды мы консультировали супружескую пару, где муж был выходцем из очень бедной семьи, члены которой редко общались друг с другом, ограничиваясь обменом общей информацией. Хотя они собирались вместе за обеденным столом, каждый старался поесть как можно быстрее, затем поднимался и уходил продолжать работу или заниматься домашними делами. Отсутствие общения и связи с другими членами семьи в детстве привело к чувству изоляции и одиночества, которое сохранилось и во взрослой жизни. Он отчаянно хотел, чтобы его собственные дети жили по-другому, и принял сознательное решение создать в своем доме культуру общения, отличную от той, с которой он столкнулся в детстве. Мы посоветовали ему начать с общения с женой и детьми во время приема пищи. Научившись задавать простые вопросы и внимательно выслушивать ответы, он смог создать в своем доме атмосферу большего доверия и близости. Он сказал нам, что чувствует себя гораздо ближе к жене и детям, чем раньше.

Возможно, то, как общались в вашей семье, когда вы росли, повлияло на то, как вы общаетесь с супругом, детьми или другими людьми сегодня. Как и этот человек, вы можете начать все с чистого листа. Вы можете уже сейчас предпринять шаги, направленные на формирование иной культуры в вашем браке и доме. Начать никогда не поздно. И ни один шаг не может быть слишком маленьким!

Пауза для размышлений

- Насколько легко вам узнать, как дела у вашего мужа / жены и что он / она чувствует?

- Как влияние вашего воспитания может сказываться на общении в вашем браке сегодня?

- Какую культуру общения вы хотели бы видеть в своем браке?

ПРЕОДОЛЕВАЕМ РАЗЛИЧИЯ

Когда сталкиваются два мира

Общение всегда представляло для нас определенную трудность. Эстер росла в Кении и Англии, и для нее английский язык является родным. Дэниел вырос в Швейцарии, и его родной язык — немецкий. Таким образом, с самого начала наших отношений нам пришлось столкнуться с языковыми и культурными барьерами, и мы вкратце коснулись этого вопроса в контексте единства в предыдущем разделе.

Языковые барьеры

Мы оба от природы коммуникабельны, и каждый из нас хорошо владеет языком другого. Однако между нами часто возникало непонимание, и мы были разочарованы качеством нашего общения. Однажды мы поняли, что в большинстве наших проблем с общением есть общая черта: мы часто либо не сообщали важных деталей, либо то, что мы говорили, было выражено так, что собеседник не мог этого понять.

Если нам кажется, что мы поняли слова собеседника, это не значит, что мы автоматически поняли, что́ он на самом деле сказал. Некоторые слова могут означать разные вещи в разных контекстах. И даже когда между нами единство и мы чувствуем близость друг к другу, информация и идеи в голове одного из нас не синхронизируются автоматически с информацией и идеями в голове другого!

Следующее эмпирическое правило помогло нам улучшить общение и свести к минимуму недопонимание:

- Произнесите то, что вы хотите сказать, четко.
- Если необходимо, повторите это по-другому.
- Проверьте, понятны ли другому смысл сказанного и детали.

Культурные трудности

Хорошая коммуникация в межкультурном браке, как у нас, — это не только вопрос изучения языка друг друга, хотя это, конечно, помогает! Внимание к языковым и культурным нюансам — не менее важное условие для предотвращения недоразумений.

Например, англичанин, находясь в гостях, может вежливо указать на то, что ему холодно, сказав хозяину: «Сегодня немного прохладно, не так ли?» На самом деле он имеет в виду: «Мне холодно, не могли бы вы закрыть окно?» В Англии такое замечание, скорее всего, будет воспринято так, как оно есть: гость не хочет навязывать другому человеку свою волю или причинять неудобства, но он испытывает определенную потребность. Хозяин, скорее всего, ответит предложением закрыть окно.

И в то же время среднестатистический швейцарец в такой именно ситуации, скорее всего, просто спросит: «Вы не возражаете, если я закрою окно?» Или просто встанет и закроет окно, не спрашивая. Хотя это явно стереотипные примеры (наверняка есть швейцарцы и англичане, которые ведут себя по-другому), суть в том, что культура привносит в супружеское общение свое измерение, которое необходимо учитывать. Это может быть справедливо даже в том случае, если вы из одной страны, но являетесь выходцами из разных географических регионов, где поведение людей отличается.

Помимо основных культурных различий, у нас также разные характеры и стили общения. Раньше Дэниел иногда говорил: «Просто скажи мне одним коротким предложением, что ты хочешь сказать!» Он не привык к тому, что люди намекают на что-то, и не видел непосредственной связи с тем, что пыталась сказать Эстер. Ей было обидно, что он, как ей казалось, не делает попыток внимательно выслушать, вникнуть и понять ее точку зрения. Однажды нас осенило, что это тоже отчасти вопрос культуры! Эстер поняла, что Дэниел не думал о том, что говорить некоторые вещи прямо ей кажется неприемлемым, а Дэниел понял, что ему нужно искать подтекст в ее словах и терпеливо просить разъяснений, когда это необходимо.

Мы слышали об одной супружеской паре, которая пришла на семинар по вопросам общения. Лектор рассказывал о проблемах, с которыми сталкиваются межкультурные пары в такой стране, как Швейцария, с ее разными языками, диалектами и культурами. Неожиданно супруги поняли, в чем причина напряженности и конфликтов в их браке. Жена была родом из немецкой части Швейцарии, а муж — из итальянской. В культурном плане у них были разные приоритеты в жизни. Она находила смысл в своей работе, в то время как для него ценностью и целью были взаимоотношения. Осознав это, они смогли гораздо лучше понимать и принимать друг друга.

Создание уникальной культуры брака

Когда мы вступаем в брак, Бог творит нечто новое. В том числе и возможность создать в нашем браке уникальную культуру, основанную на четких библейских ценностях и принципах, используя при этом лучшее из того, что каждый из нас приносит в брак из своего прошлого. Когда речь идет о культурных традициях и взглядах, нам, возможно, придется пойти на компромисс и найти золотую середину, которая устроит нас обоих. Взаимное уважение к происхождению и культурной идентичности друг друга очень важно. Мы должны научиться быть щедрыми и терпеливыми, позволять друг другу быть самим собой без излишней критики.

В конце концов, независимо от того, из каких миров мы пришли и какие между нами могут быть различия, если мы хотим, чтобы наш брак был крепким, мы оба должны быть готовы учиться искусству компромисса. Однажды мы познакомились с парой, которая поздно заключила брак, и, к сожалению, муж не хотел или не мог освободить место в своей жизни для новой жены. Он возмущался всем, что несло изменения в его холостяцкий образ жизни, и в итоге оттолкнул ее.

Пауза для размышлений

- Существуют ли в ваших отношениях языковые барьеры?
- Сталкиваетесь ли вы в браке с какими-либо культурными проблемами?
- Какую уникальную культуру вы хотели бы видеть в своем браке? Какие шаги вы могли бы предпринять вместе для ее создания?

УБИЙЦЫ ОБЩЕНИЯ

Чего следует остерегаться

Если мы не будем осторожны, то можем загубить разговор еще в самом его начале, поставив крест на том, что могло бы стать плодотворной беседой. В этой главе мы рассмотрим четыре основных аспекта, на которые следует обратить внимание: выбор слов, тон и громкость голоса, выражение лица и жалобы. Если мы будем прилагать сознательные усилия в каждом из этих аспектов, то улучшится не только наше общение в паре, но и атмосфера в семье в целом.

Выбор слов

В Библии мы читаем, что смерть и жизнь во власти языка (см.: Притчи 18:21). Наши слова могут принести жизнь или смерть. Именно поэтому в Библии язык назван огнем, неудержимым злом; им мы восхваляем Бога и проклинаем людей (см.: Иакова 3:3-9).

Некоторые слова и оскорбления могут нанести серьезный ущерб отношениям. В порыве чувств мы можем сказать что-то, что может ранить другого человека, и мы об этом знаем. Но все равно говорим. В такие моменты наш брак похож на что угодно, но только не на место исцеления! Хорошая весть заключается в том, что мы вольны выбирать слова, которые созидают нашего партнера, а не разрушают его. Некоторые люди соглашаются с этим теоретически, но считают, что в определенных ситуациях они все равно имеют право говорить обидные вещи. Такая позиция, как правило, контрпродуктивна и раздувает пламя конфликта. За годы нашего служения мы видели много примеров, когда подобный подход распространялся, как огонь, по всей семье. Родители и дети то и дело оскорбляют друг друга словами, которые они не имеют права употреблять. Если это не остановить, такая привычка может стать смертельно опасной для семьи.

В первые годы нашего брака мы тоже попали в ловушку употребления обидных слов или оскорблений, которые произносили в пылу ссоры. Но вскоре мы поняли, насколько это разрушительно для наших отношений, и с помощью Господа решили положить этому конец. Мы попросили друг у друга прощения и пообещали не употреблять определенные слова, как бы мы ни злились и ни сердились. Принятие осознанного решения следить за своими словами привело к большему миру в нашем браке. Если это и ваша проблема, мы призываем вас принять такое решение сегодня же.

Избегать обидных слов — не значит избегать сложных разговоров или замалчивать разногласия. Напротив, важно найти время, чтобы поговорить и уладить размолвки. Подготовьтесь к такому разговору, договорившись о времени и месте, удобном для вас обоих. Определите одну-две темы для совместного обсуждения и не отклоняйтесь от них. Прежде чем начать разговор, помолитесь в сердце: *«Дух Святой, дай мне Свои кроткие и добрые слова!»* И напомните себе, что говорит Библия:

*Приятная речь — сотовый мед, сладка для души
и целебна для костей.*

Притчи 16:24

Помните, что тон голоса, громкость и выражение лица в совокупности с нашими словами могут вызвать негативные эмоции у собеседника. В какой-то момент ему может вспомниться ситуация, когда он столкнулся с кем-то, кто говорил нечто подобное схожим тоном, с такой же громкостью, или выглядел, как вы. Эмоционально он чувствует себя так, как будто заново оказался перед старым учителем, требовательным отцом, властной сестрой или еще кем-то. Если вы считаете, что это происходит, стоит вместе помолиться об исцелении и освобождении от ран прошлого. Как это сделать, мы расскажем в следующих главах.

Тон и громкость голоса

Во многих отношениях тон или то, как мы говорим друг с другом, так же важны для хорошего общения, как и слова. Например, если вы говорите что-то тоном, в котором сквозит нетерпение, собеседник, скорее всего, подумает, что вы раздражены или расстроены. Это может быть так, а может, и нет. Иногда наша работа может оказывать негативное влияние на то, как мы разговариваем с другими людьми вне работы. Например, учителя, привыкшие давать указания и отчитывать учеников, иногда могут показаться властными вне класса. Им нужно быть особенно внимательными, чтобы не говорить нравоучительным тоном дома. Но даже фермерам может понадобиться помощь в этом вопросе! Однажды нам позвонила жена швейцарского фермера, живущего в горах, и сказала, что она в полном недоумении. Казалось, что ее мужу было трудно отличить жену от коров, потому что он говорил одинаково грубым тоном со всеми!

Аналогично, если ваша работа предполагает мало разговоров, вам может быть трудно переключиться в режим живого общения дома, или наоборот, вы можете компенсировать это излишней разговорчивостью! Какой бы ни была ваша ситуация, стоит обратить внимание на то, как вы разговариваете друг с другом. Будьте готовы корректировать свой тон, чтобы не обидеть и не спровоцировать партнера понапрасну.

Громкость также играет важную роль в общении. Громкий голос часто воспринимается как предвестник агрессии и насилия. Если вы знаете, что вам предстоит сложный разговор, где все может выйти из-под контроля, стоит подготовиться заранее. Подумайте о том, каким будет тон вашего голоса, как говорить тише и как сохранить открытое выражение лица. Вы можете потренироваться в выражении лица и самообладании, стоя перед зеркалом и представляя себе возможные варианты разговора.

Выражение лица

Человеческое лицо, как вы, наверное, заметили, может быть очень выразительным! Не произнося ни слова, мы можем выразить мимикой счастье, дружелюбие, интерес, сочувствие, нетерпение, гнев, страх, скуку и многое другое. На самом деле с помощью мимики мы можем сообщить гораздо больше, чем думаем. Если мы не будем осторожны, то можем заставить другого человека почувствовать себя неуверенно или некомфортно. Он может даже получить неверное представление о том, как мы себя чувствуем и что испытываем.

Вот что говорит о выражении лица Библия:

*...Мудрость человека просветляет лицо его, и суро-
вость лица его изменяется.*

Екклесиаст 8:1

Внимательно посмотрите на себя в зеркало. Обратите
внимание на выражение своего лица. Оно светлое и добро-
желательное, или, наоборот, у вас суровый взгляд или вид.
Иногда нам нужно позволить Богу превратить наши суро-
вые черты в улыбку.

Нарекания и жалобы

Некоторые люди склонны во всем видеть негатив. В результате они постоянно жалуются и критикуют. Им трудно
увидеть позитивное в чем-либо или в ком-либо. Возможно, вы знаете такого человека?! В браке такое отношение
может изматывать и делать жизнь весьма трудной. Но апостол Павел говорит:

*За все благодарите: ибо такова о вас воля Божия во
Христе Иисусе.*

1 Фессалоникийцам 5:18

Мы выяснили, что сосредоточенность на негативе и по-
стоянные жалобы могут отравить нам жизнь! Но благодар-
ность — это лучший способ преодолеть негативное отношение, побороть плохое настроение и избавиться от привычки
ныть и жаловаться. В молодости Дэниел имел возможность
на собственном опыте убедиться в силе благодарности и раз-
рушительном воздействии негатива. Будучи молодым сту-
дентом-теологом, он не смог найти подходящее жилье рядом
со своим факультетом в Базеле и в итоге поселился в доме для
престарелых! Сначала он был рад уже тому, что вообще на-
шел комнату, а вкусная еда и служба уборки компенсировали

непривычную обстановку. Но совместный быт и трапеза с пожилыми людьми оказались взаимно обогащающими и познавательными.

За время пребывания в этом доме он отметил два типа постояльцев. Тех, кто был доволен жизнью и позитивно настроен. И тех, кто был недоволен, постоянно жаловался и для кого персонал, казалось, не мог сделать ничего путного. Одна пожилая женщина произвела на него неизгладимое впечатление. Однажды она сказала:

— Дэнни, жизнь — это как управление весельной лодкой. Правой рукой мы должны славить Бога, а левой — благодарить. Когда мы делаем и то и другое, наша лодка движется вперед!

Какая замечательная иллюстрация! И какая глубокая духовная истина, применимая и к браку. Когда вместо того чтобы жаловаться и сетовать, мы славим и благодарим Бога за все, Он может действовать в нашем браке и помогать нам двигаться вперед вместе.

Пауза для размышлений

Подумайте о своем общении в паре

- Какие слова вы употребляете в общении друг с другом?
- Часто ли вы повышаете голос?
- Как вы думаете, что ваше лицо говорит вашему супругу?
- Часто ли вы ворчите или жалуетесь дома?

ОТ СРАЖЕНИЯ ДО ПОЛНОГО МОЛЧАНИЯ

Злоупотребления в сфере общения

Можете ли вы представить себе, что живете с кем-то под одной крышей, но не говорите друг другу ни слова? Много лет назад, посещая в Англии церковь, оказывавшую нам финансовую поддержку, мы узнали о паре, которая в течение восемнадцати лет вела молчаливую войну, конца которой не было видно. Супруги поссорились и просто перестали общаться.

Терапия молчанием

Некоторые люди игнорируют своего супруга и отказываются разговаривать с ним в определенных ситуациях, пусть это и не длится восемнадцать лет! Но сознательное отстранение от супруга или отказ общаться с ним ранит его и может негативно сказаться на любом браке. Причин такого поведения может быть много: и обида, и желание наказать супруга или манипулировать им, чтобы добиться своего, и чувство безнадежности от осознания того, что разговор ничего не изменит.

Иногда молчание может помочь предотвратить дальнейшую эскалацию или агрессию. Но мы говорим об игнорировании супруга и категорическом отказе общаться с ним. Это редко решает глубинные проблемы в браке. Напряжение может на время ослабнуть, конфликт утихнуть, и «нормальное» общение возобновится, но если мы не доберемся до той точки, где сможем все обсудить и научиться преодолевать наши разногласия, мы фактически накапливаем себе проблемы. Вместо того чтобы разрешить конфликт, мы молчанием раним супруга и безмолвно подливаем масла в огонь. На самом деле мы говорим: «Я не хочу с тобой разговаривать и не заинтересован в урегулировании наших разногласий. В любом случае, виноват не я, а ты. Поэтому, пока ты не признаешь свои ошибки и не извинишься, нам нечего сказать друг другу».

Помните, что общение — это не только разговор. Это и взгляд, и прикосновение, и секс, и многое другое. Поэтому отказ супругу в чем-либо из этого, например, в наказание, также является формой отказа в общении, и его следует избегать.

Запугивание

Если мы не будем осторожны, общение также может стать орудием запугивания. Выражением лица, выбором слов, тоном и громкостью голоса мы можем сознательно или неосознанно оказывать давление на партнера, заставляя его делать то, чего мы хотим, или улучшать свое эмоциональное состояние за его счет.

Как мы уже отмечали в предыдущей главе, во власти языка жизнь и смерть, он способен укрепить или разрушить наш брак. Поэтому то, что́ мы говорим и как мы говорим, очень важно, если мы хотим иметь исцеляющий и приносящий удовлетворение брак, в котором мы оба чувствуем уверенность и безопасность, когда делимся информацией, выражаем свои чувства и мнения, обмениваемся мыслями и мечтами.

Подытожим

В предыдущих главах мы рассмотрели некоторые из распространенных барьеров, препятствующих хорошему общению в браке. Возможно, вы уже определили те области, над которыми вам необходимо поработать, чтобы улучшить общение в ваших отношениях? С Божьей помощью вы можете научиться общаться лучше. Но имейте в виду, что в процессе работы вам также может понадобиться исцеление и освобождение от обид прошлого, которые влияют на то, как вы общаетесь в браке. Мы убеждены, что Бог хочет, чтобы мы были по-настоящему счастливы в браке. Но важно честно взглянуть на свою жизнь и предпринять необходимые шаги, чтобы справиться с негативным опытом или багажом из прошлого. Это даст нам наилучшие шансы на создание и поддержание здорового брака. Если мы эмоционально здоровы, мы окажем исцеляющее воздействие на нашего партнера. Если же мы эмоционально ранены и духовно связаны, то, скорее всего, причиним боль своему супругу и окружающим.

Вспомним предупреждение и невероятное утверждение, содержащиеся в прочитанном ранее стихе:

Иной пустослов уязвляет как мечом, а язык мудрых — врачует.

Притчи 12:18

Применительно к браку можно сказать следующее: если мы здоровы внутри и старательно контролируем свой язык, то наш брак может стать прекрасным местом исцеления, оазисом, где наши слова и то, как мы общаемся, приносят исцеление нам обоим!

Пауза для размышлений

- Приходилось ли вам когда-нибудь применять к своему супругу терапию молчанием?
- Пытаетесь ли вы наказывать, контролировать своего супруга или манипулировать им тем, что вы говорите или как вы это говорите?
- Нуждаетесь ли вы в исцелении или освобождении от опыта прошлого, негативно влияющего на ваше общение в паре?

ОБЩЕНИЕ И РАЗРЕШЕНИЕ КОНФЛИКТОВ

Вдохновение для движения вперед

Совершенствование навыков общения и разрешения конфликтов в браке может быть сложной задачей, но иногда несколько простых шагов в правильном направлении могут существенно изменить ситуацию. Мы завершаем этот раздел шестью советами, которые помогут вам найти правильное направление и продолжать двигаться вперед. Вы не сможете сделать все сразу, поэтому разбивайте задачи на части и ставьте перед собой достижимые цели. Главное — начать с чего-то и продолжать работать над совершенствованием вместе.

1. Не сдавайтесь!

Существует целый ряд факторов, способствующих повышению эффективности общения. Но первый и, пожалуй, самый важный — это ваше желание. Вы хотите научиться лучше общаться с супругом, поэтому примите сегодня твердое решение двигаться в этом направлении. Вы можете, например, решить:

- Поработать над тем, чтобы понять все культурные и языковые различия между вами (это не всегда легко и, вероятно, потребует большого терпения).
- Говорить тише и воздерживаться от крика.
- Не бросать на супруга неодобрительных взглядов, не смотреть на него свысока и не пытаться заставить его делать то, что хочется вам.
- Воздерживаться от сквернословия и оскорблений, даже если вы расстроены. Ваш супруг — не боксерская груша.
- Держать каналы общения открытыми. Избегать обструкции, не отказывать в сексе и т. п. в качестве наказания.
- Перестать жаловаться, придираться или критиковать супруга, себя или других. Вместо этого сосредоточиться на том, чтобы быть благодарным в любых обстоятельствах, как учит 1 Фессалоникийцам 5:18.
- Сказать еще предложение или два. Убедиться, что ваш партнер уловил основные моменты и понимает, что вы говорите.

2. Выделите время

Многие пары находят целесообразным планировать «супружеский вечер» или «вечер-свидание», чтобы создать благоприятную среду для общения. Разговаривая и слушая друг друга, постарайтесь расслабиться и посмотреть друг другу в глаза. Попытайтесь поделиться мыслями, чувствами и нынешними трудностями. Что вам обоим нравится в данный момент? Что вызывает у вас затруднения? Каковы ваши страхи, надежды и мечты? Идея состоит в том, чтобы не ограничиваться разговорами о списке дел, погоде, политике, бизнесе, карьере или религиозных вопросах. Хотя такие темы могут способствовать развитию дискуссии, разговор о чувствах, страхах и мечтах выводит общение на совершенно новый уровень и помогает лучше понять, чем живет ваш супруг.

Следите за тем, как вы реагируете на информацию, которой делится ваш супруг. Такие комментарии, как «Неужели ты мог быть таким глупым?» или «Я не удивлен, что ты вляпался в такую передрягу!», не побудят вашего мужа или жену снова показать слабость перед вами! Трудно открыться, когда боишься быть отвергнутым или осмеянным. Постарайтесь проявить эмпатию, даже если не до конца понимаете, что чувствует и через что проходит ваш супруг. Это поможет создать атмосферу доверия и принятия в вашем общении.

Если мы принесем в свой брак менталитет производительности и эффективности, свойственный современному миру, то, скорее всего, разрушим друг друга, независимо от того, сколько времени мы будем общаться. Брак должен быть оазисом, где мы можем расслабиться вдали от стресса повседневной жизни и стараний быть идеальными. Он должен быть убежищем, где мы любим и принимаем друг друга без всяких условий и поощряем быть лучше, насколько это возможно. Когда это происходит, моменты общения в браке становятся моментами исцеления, а не стресса.

3. Определите горькие корни

Ранее мы уже отмечали, что желание улучшить общение — это первый шаг к его совершенствованию. Следующим шагом должно стать желание выявить горькие корни, которые могут мешать нашему общению. Есть ли какая-то тема, на которую вы больше не хотите говорить с супругом, или та, которая вызывает у вас тревогу при каждом упоминании о ней? Может быть, вы все еще чувствуете обиду и не простили супруга за то, что он сделал или сказал? А может быть, вы просто разочарованы тем, что прежние разговоры ничего не изменили, и вам просто не хочется больше пытаться?

Святой Дух может показать вам горькие корни, мешающие вашему общению. Он может направить ваш разговор и помочь вам примириться в этих областях.

4. Простите друг друга

Как только вы определите горькие корни, решите с Божьей помощью простить своего партнера и отпустить обиду. Остановитесь на мгновение и посмотрите, какую реакцию вызывает у вас это решение. Сможете ли вы простить или это будет трудно? Иногда не удается простить сразу. Возможно, вам потребуется некоторое исцеление и освобождение, прежде чем вы сможете полностью простить.

5. Планируйте деловые встречи

Грамотное планирование и распределение дел и обязанностей могут значительно снизить напряженность и вероятность конфликтов. Запланируйте «деловые супружеские встречи», чтобы обсудить практические вопросы, связанные с домом и семьей. Решите, что, кто и когда должен сделать. Вот несколько примеров того, что вы можете обсудить на таких встречах:

- Планирование «супружеских вечеров» или «вечеров-свиданий»
- Планирование досуга, поездок и праздников
- Успехи, потребности и запросы детей или внуков
- Потребности стареющих родителей или других родственников

- Новые покупки
- Уборка и стирка
- Обновление или ремонт дома
- Работы в саду и во дворе
- Ремонт автомобиля или велосипеда
- Просьбы других людей сделать что-либо
- Встречи с друзьями
- Участие в работе церкви или служении
- Деятельность, связанная с благотворительными организациями или клубами
- Другое…

Перед каждой встречей составьте список вопросов, которые вы оба хотите обсудить. Назначьте дату и время, удобные для вас обоих. Договоритесь о продолжительности встречи, например, тридцать минут или час. Придерживайтесь согласованной повестки дня и временных рамок. Постарайтесь подвести итоги и принять практические решения. Если вы не можете прийти к какому-либо решению, договоритесь вернуться к этому вопросу позже.

6. Будьте снисходительны и терпеливы

С возрастом многие из нас обнаруживают, что время от времени что-то забывают. Нам самим не так много лет, но мы замечаем, что такое порой происходит с нами и нашими друзьями! Какова бы ни была причина, забывчивость иногда приводит к раздражению и напряженности в браке.

Мы можем полагать, что если что-то понятно нам, то это понятно и нашему супругу. А потом выясняется, что для него это совсем не так. Или он просто забыл какую-то важную информацию, которую обычно помнит. В таких ситуациях очень важно быть терпеливыми и снисходительными друг к другу! Если мы быстро обговорим перед мероприятием то, о чем договорились, или перепроверим и убедимся, что у каждого из нас правильное понимание того или иного вопроса, это поможет нам остаться на одной волне. Записывание важных дат и встреч или составление списка дел также может прийти на помощь, если возникают проблемы с памятью.

Пауза для размышлений

- Какую роль вы можете сыграть в создании культуры доверия в вашем браке?

- Есть ли горький корень, который отравляет ваше общение?

- Как деловые встречи могут принести пользу вашим отношениям?

- Является ли забывчивость проблемой в вашем браке? Если да, то как вы можете помочь друг другу лучше запоминать события, информацию, даты и т. п.?

ВОССТАНОВЛЕНИЕ

Учимся побеждать грех

НЕГДЕ СПРЯТАТЬСЯ

Посмотреть в лицо тому, что внутри

Древнегреческий поэт Софокл рассказывает трагическую историю, как он в результате гордыни и ошибочного суждения убивает отца царя Эдипа и женится на своей матери! В древнегреческой *artia* (хамартиа), что в переводе означает «промахнуться, не попасть в цель». Древний мир был хорошо знаком с этим термином и его значением. Поэтому неудивительно, что авторы Нового Завета выбрали это слово для описания понятия «грех».

Если быть честными, то все мы совершаем ошибки. Все мы промахиваемся, не попадаем в цель Божьего благословения, того лучшего, что Бог хочет для нас, и не справляемся с какими-то задачами в своей жизни и в браке. Другими словами, мы все виновны в грехе. А раз так, то все мы нуждаемся в прощении или очищении снова и снова.

Борьба с грехом — это первая из трех ключевых областей, способствующих постоянному восстановлению нашего внутреннего мира, нашего естества. Чем больше восстанавливается наш внутренний мужчина или женщина, тем крепче и прекраснее будет наш брак. Две другие области — исцеление наших душевных ран и освобождение от демонического гнета — мы рассмотрим в двух последних разделах.

Несостоятельность

Брак — это, пожалуй, то место, где наша несостоятельность или греховность проявляется наиболее явственно. Многие люди могут сохранять подобающий вид вне дома, по крайней мере, какое-то время. Но в браке очень трудно что-то скрыть друг от друга. Рано или поздно наши слабости и промахи обнаружатся. В браке мы сталкиваемся с тем, что находится в глубине наших сердец. Но мы также получаем возможность наблюдать «из первого ряда» за тем, что происходит в жизни наших супругов.

Что-то из того, что мы видим, может быть хорошим и вызывать еще большую любовь и восхищение. Но что-то может быть уродливыми, и с этим труднее смириться. Может быть, именно страх слишком сблизиться с другим человеком, обнаружить то, что мы предпочли бы скрыть, удерживает многих людей от вступления в брак, а других — от работы над своим браком на более глубоком уровне? Однако чтобы достичь счастья в браке, мы должны быть готовы посмотреть правде в глаза.

Мы говорили о грехе как о промахе или непопадании в цель. Но о какой цели идет речь? Апостол Павел дает нам ответ:

...потому что все согрешили и лишены славы Божией...

Римлянам 3:23

Цель — это святость, которая отражает славу Божью во всем, что мы думаем, говорим, делаем и чувствуем. Никто, кроме Христа, не попадал в эту цель и поэтому не может утверждать, что он совершенен. Всем нам до этого еще очень далеко. Совершенный человек мог бы стать супругом / супругой мечты, но, к сожалению, таких людей не существует!

Чем быстрее мы примем истинное положение вещей, тем быстрее сможем разобраться со всем тем мусором, который есть в каждом из нас. Если мы не разобрались с греховными мыслями, словами и поступками до свадьбы, то, скорее всего, принесем их с собой в брак. Грехи не появляются из ниоткуда, когда мы вступаем в брак. Скорее, то, что уже глубоко сидит в нас, вырывается на поверхность под воздействием близости супруга. На самом деле это хорошо. Потому что мы верим, что Божий план для нас, супругов, состоит в том, чтобы мы помогли друг другу преодолеть нашу греховность, чтобы святость и слава Божья были восстановлены в наших жизнях и проявлялись во всех сферах нашего бытия.

Вызов близости

В духовной сфере муж и жена слились воедино и стали новым единым целым. Вот как описывает это апостол Павел:

Посему оставит человек отца своего и мать и прилепится к жене своей, и будут двое одна плоть.

Ефесянам 5:31

Греческое слово, которое Павел использует для описания того, как мы становимся одной плотью, — *proskollaomai*. По сути, это означает, что мы как супружеская пара склеены Богом. Как мы уже отмечали ранее, такая близость или единство затрудняет сокрытие чего-либо друг от друга. В какой-то момент наши недостатки и слабости выйдут на поверхность и станут заметны. Люди по-разному реагируют на это. Многие просто смиряются с тем, что медовый месяц закончился, что они будут действовать друг другу на нервы, обижать друг друга, что их отношения могут даже охладеть. Другие расстаются и переходят к следующему партнеру. А кто-то и вовсе отказывается от брака и решает, что ему лучше быть одному.

Лучший способ решения этой проблемы — позволить тому нехорошему, что есть в нас, выйти на поверхность нашей жизни под руководством и контролем Святого Духа. А затем молиться друг за друга. Молитвенные шаги, о которых мы расскажем далее в этом разделе, помогут в этом. Бог хочет, чтобы брак был местом восстановления и исцеления. Чтобы это произошло, мы должны быть готовы открыть свою жизнь для Его Святого Духа. Позвольте Ему указать на все, что не так и что необходимо изменить.

Восстановление возможно

Мы убедились, что при наличии решимости и с Божьей помощью любой человек может отвернуться от греха и восстановиться. Но замечали ли вы, что этому миру часто не хватает времени и терпения к людям, которые оступились? Людей очень быстро осуждают, признают несостоятельными и списывают со счетов. Возможно, это происходит потому, что многие люди не верят в перемены. Остерегайтесь такого мышления в своем браке: оно неизбежно ведет к разделениям и конфликтам.

Мы знали одного человека, который был счастлив в браке, — или так он думал. Однажды его жена пришла домой и ни с того ни с сего заявила, что он ей надоел и она хочет развестись. Этот пример может показаться странным, но некоторые люди хранят в памяти проступки своих супругов и затаивают обиду. В конце концов они решают, что с них хватит, и разъезжаются, причем иногда без всякого видимого предварительного конфликта. Им просто все надоело, и они уходят.

Приобретая навыки хорошего общения и умение выражать обиду, досаду или разочарование, мы, безусловно, можем предотвратить трагические исходы, подобные описанному выше. Но необходимо пойти еще дальше и разобраться с греховным отношением и поведением в браке. Если мы совершили ошибку или чем-то обидели супруга, то должны быстро признать это и попросить прощения. Очень важно быстро простить и примириться. Если мы долго не можем примириться, есть риск, что горечь пустит корень и станет разрушать наш брак.

Библия предупреждает нас об этом:

Наблюдайте, чтобы кто не лишился благодати Божией; чтобы какой горький корень, возникнув, не причинил вреда, и чтобы им не осквернились многие...

Евреям 12:15

Пауза для размышлений

- Верите ли вы, что человек может измениться?
- Готовы ли вы посмотреть в лицо тому, что у вас внутри?
- Храните ли вы (в голове или в сердце) список проступков вашего супруга?

РАСПОЗНАЕМ ГРЕХ В БРАКЕ

Деструктивные модели поведения

Самые значительные изменения в нашем браке произошли, когда мы стали более внимательно присматриваться к грехам в нашей жизни. Мы поняли, что то, что мы считали плохими чертами характера, такими как гнев, нетерпение, эгоцентризм или обидчивость, на самом деле было грехами, отравляющими отношения. В Библии такое отношение и поведение названо «делами плоти»:

Дела плоти известны; они суть: прелюбодеяние, блуд, нечистота, непотребство, идолослужение, волшебство, вражда, ссоры, зависть, гнев, распри, разногласия, [соблазны,] ереси, ненависть, убийства, пьянство, бесчинство и тому подобное...

Галатам 5:19-21

Снова и снова нам приходилось принимать решение не мириться с подобным в своей жизни! Когда Господь обращал наше внимание на тот или иной грех, мы сначала изучали, что говорит о нем Библия. Мы обращались к библейской симфонии и находили все стихи, в которых упоминался этот грех, чтобы понять, что Бог думает о нем и как он влияет на нашу жизнь. Размышления над этими стихами готовили нас к моменту, когда мы действительно раскаивались и не хотели больше иметь ничего общего с этим грехом! Это помогло нам по-настоящему отвернуться от греха и попросить у Бога прощения. Размышления о последствиях греха помогали нам противостоять искушению вернуться к нему. В Библии этот процесс называется «покаянием». Греческое слово *metanoia*, переведенное как *покаяние*, буквально означает перемену ума, перемену мысли, переосмысление. Другими словами, это изменение нашего взгляда на грех и на наше предполагаемое право продолжать грешить. Например, если у вас есть привычка словесно оскорблять своего супруга во время ссор, хорошим примером покаяния (изменения ума или отношения), будет отказ от употребления унижающих и ранящих слов. Это первый шаг на пути к браку, отмеченному любовью и подлинной духовностью.

Основные характеристики греха

Как распознать грех в нашей жизни или браке? Грех имеет разрушительные последствия. Он лишает нас мира и радости, разрушает отношения. Грех толкает нас в неправильном направлении, ставит на путь беспокойства, который в конечном счете приводит к разрушению и духовной смерти. Но Бог хочет дать нам благодать и жизнь:

Ибо возмездие за грех — смерть, а дар Божий — жизнь вечная во Христе Иисусе, Господе нашем.

Римлянам 6:23

Поэтому важно быть бдительными и внимательными, чтобы распознать грех в своей жизни и браке и справиться с ним до того, как он нанесет слишком большой урон. Бог в Своей великой любви к нам дает понять, что мы грешим, посредством Своего Святого Духа. Он делает это не для того, чтобы испортить нам настроение или заставить нас чувствовать себя несчастными и испытывать осуждение, а для того, чтобы дать нам возможность покаяться, чтобы Его жизнь могла еще более полно течь через нас и в нашем браке:

...свергнем с себя всякое бремя и запинающий нас грех и с терпением будем проходить предлежащее нам поприще, взирая на начальника и совершителя веры Иисуса...

Евреям 12:1-2

Начните с себя

Некоторые люди необычайно высокого мнения о себе. Они считают себя безупречными и с трудом признают свои ошибки или грехи. Человек с таким мышлением всегда будет обвинять других и редко искать недостатки в себе. Такое отношение является одной из основных причин того, что у некоторых людей возникают проблемы во взаимоотношениях любого рода, и того, что даже христиане в итоге расстаются или разводятся. За годы нашего служения мы встретили немало людей, чьи взаимоотношения и браки были отравлены медленным ядом этого смертельно опасного отношения. В Нагорной проповеди Иисус сказал:

Не судите, да не судимы будете, ибо каким судом судите, таким будете судимы; и какою мерою мерите, такою и вам будут мерить. И что ты смотришь на сучок в глазе брата твоего, а бревна в твоем гла-

зе не чувствуешь? Или как скажешь брату твоему: «дай, я выну сучок из глаза твоего», а вот, в твоем глазе бревно? Лицемер! вынь прежде бревно из твоего глаза и тогда увидишь, как вынуть сучок из глаза брата твоего.

Матфея 7:1-5

Когда речь идет о борьбе с грехом в браке, Иисус призывает каждого из нас начать с себя. Вместо того чтобы концентрироваться на недостатках супруга, мы должны сначала внимательно посмотреть на себя и понять, что в нас не так. Вот стих, который мы предлагаем вам сделать своей регулярной молитвой:

Испытай меня, Боже, и узнай сердце мое; испытай меня и узнай помышления мои; и зри, не на опасном ли я пути, и направь меня на путь вечный.

Псалом 138:23-24

Положительные перемены, начинающиеся в вас, положительно скажутся и на вашем браке. Например, вы можете стать менее раздражительным или более терпеливым. Такие изменения посылают позитивные сигналы. И когда вы замечаете даже небольшие изменения в своем партнере, важно признать их и словесно. Например, вы можете сказать: «Я заметил, что в этой ситуации ты реагируешь не так, как раньше. Я знаю, что это потребовало определенных усилий, и я ценю, что ты стараешься».

Когда грех становится привычкой

Грех в браке часто затрагивает обоих партнеров, поскольку мы имеем дело с греховными моделями поведения. Иногда на протяжении многих лет они укореняются и становятся твердынями. Так случилось и с нами. Мы уже упоминали случай, когда перед переездом из Аргентины в Швейцарию мы испытывали сильное напряжение. Вместо того чтобы нормально общаться, мы ранили друг друга своими словами и поступками. Спустя годы мы заметили, что часто ведем себя так же и в других стрессовых ситуациях. Это превратилось в греховную манеру поведения в нашем браке, с которой нам необходимо было бороться. Сегодня мы научились обсуждать детали того, что необходимо сделать, и доверять друг другу. Мы следим за своим языком и стараемся сохранять спокойствие в стрессовых ситуациях.

Греховные модели поведения могут принимать в браке различные формы. Например, один из супругов может не доверять другому в какой-либо области жизни. Он сознательно или неосознанно выражает свое недоверие словами, действиями или взглядами. Супруг чувствует это недоверие и подозрительность и часто реагирует на них негативно. Одна и та же ситуация вызывает одну и ту же реакцию снова и снова, иногда в течение многих лет. В таких случаях очень важно попросить Святого Духа показать нам скрытые греховные модели поведения в наших отношениях и помочь избавиться от них.

Вот еще несколько примеров распространенных греховных моделей поведения, которые мы наблюдали в браке.

Отсутствующее или плохое общение

Ранее мы уже упоминали о супругах, которые жили под одной крышей, но не разговаривали друг с другом в течение восемнадцати лет. Они отказывались общаться, придерживаясь греховной практики игнорировать и не уважать друг друга. Мы также упоминали, что некоторые взаимоотношения заканчиваются внезапно, без видимого предвестия или предшествующего конфликта.

Чтобы избежать таких трагических исходов, важно быстро выявить и разрушить греховные модели общения в нашем браке. Нам также необходимо научиться правильно общаться и исправлять ошибки, чтобы не озлобиться друг на друга. К греховным моделям общения относятся также обзывания, ругательства, крики, угрозы, злобные взгляды, использование секса в качестве средства воздействия и т. д.

Необоснованные обвинения

Супруги могут возводить друг на друга необоснованные обвинения. Другими словами, они обвиняют другого человека в том, в чем он не виноват. Например, мы работали с парой, в которой муж постоянно обвинял жену в нежелании заниматься сексом. В ходе беседы стало ясно, что главная проблема заключается в нем самом: он заставлял супругу много работать и редко находил время, чтобы сделать для нее что-нибудь приятное или романтическое. Она почувствовала себя использованной и оттолкнула его.

Непризнание своей вины

Некоторые люди делают все возможное, чтобы скрыть свою вину, и продолжают грешить. Несколько лет назад к нам на консультацию пришла супружеская пара. Жена считала, что у мужа роман с другой женщиной, и располагала довольно убедительными доказательствами, подтверждающими ее подозрения. Вместо того чтобы признать факт измены, тот все отрицал. В течение следующих нескольких дней он создавал чаты и размещал публикации в социальных сетях, пытаясь доказать свою невиновность. Но позже признал, что все они были выдумкой.

Догматизм и самоуверенность

Мы сталкивались со многими парами, в которых один из супругов считает, что он всегда прав. Такая догматическая позиция очень вредна и губительна для брака. Когда такая модель поведения разрушается и заменяется смирением и готовностью обсуждать и идти на компромисс, оба партнера начинают расцветать как личности и преуспевать в своих дарах.

Критика и поиск недостатков

В начале знакомства большинство пар стараются делать друг другу комплименты и не искать недостатки. Но со временем в их жизни может появиться придирчивое отношение. Супруги начинают все чаще критиковать друг друга, не исключено, что в присутствии других людей. Затем они начинают бросать на партнера насмешливые или издевательские взгляды, говорить вещи, которые заставляют его чувствовать себя глупо или испытывать стыд. Они могут взять за правило жаловаться, критиковать и ругать партнера, иногда доходя до контроля и даже агрессии. Это создает неуверенность и напряженность.

Можно привести еще много примеров греховного поведения в браке. Но, возможно, вы уже обнаружили похожие или иные примеры в своих взаимоотношениях? Если это так, то, возможно, вы имеете дело с греховной привычкой, присущей вам обоим, и за которую вы оба теперь несете определенную ответственность. Признание греховных моделей поведения в отношениях и готовность взять на себя ответственность за то, что вы способствовали продолжению их существования, — это первый шаг к исправлению и переменам, который сам по себе может принести некоторое облегчение и надежду.

Пауза для размышлений

- С какими грехами вы можете мириться в своей жизни?
- Видите ли вы какие-либо греховные модели поведения в вашем браке?
- Примите решение не позволять греху разрушать вашу жизнь и ваш брак!

ПОБЕЖДАЕМ ГРЕХ В БРАКЕ

Пять шагов, которые приносят жизнь

Мы видели, как грехи одного или обоих партнеров могут привести к греховному поведению в браке. В этой главе мы рассмотрим, как бороться с грехом и побеждать его, если мы его обнаружили. Это поможет разрушить греховные модели поведения и открыть путь к освоению новых способов построения взаимоотношений. Подобно тому, как Бог прощает наши грехи и снимает с нас вину каждый раз, когда мы искренне просим Его об этом, так и мы можем научиться справляться с грехом и прощать друг друга в браке, даже если это не всегда легко. Следующие пять шагов заложат необходимый для этого фундамент.

1. Признайте свой грех

Первый шаг в борьбе с грехом — признать, что все мы грешим и что грех портит наши взаимоотношения. Если вы не уверены, что это относится к вам, просто спросите своего мужа или жену, что они думают по этому поводу! Часто другие видят наши грехи и недостатки больше, чем мы сами, но таков уж человек. Однако в конечном счете именно Святой Дух обличает нас в наших проступках и приводит к истине о самих себе (см.: Иоанна 16:13). Это лекарство для наших душ, потому что истина делает нас свободными (см.: Иоанна 8:32).

Почему же многим из нас так трудно признать свои грехи и ошибки? Причин может быть много. Кто-то борется с гордыней и страхом потерять лицо. Других этому никогда не учили, как, например, женщину лет тридцати, которая пришла к нам за помощью в решении проблемы своего прошлого. В детстве она была предоставлена сама себе и боролась с трудностями, как могла. Став христианкой, она поняла, что должна исправить отношения с некоторыми людьми. Но поскольку никогда в жизни ни у кого не просила прощения, она не знала, как это сделать.

Еще одна причина, по которой некоторым людям трудно признать свой грех, заключается в том, что у них сформировался образ мышления, ориентированный на достижение результата, и/или перфекционизм. Во многих обществах и у работодателей мало времени для людей, совершающих ошибки. Им нужны идеальные производственные единицы — или, по крайней мере, так иногда кажется! В Швейцарии, как и в других странах, есть много превосходно обученных людей, которые редко допускают ошибки в работе, и все признательны им за это! Однако такой менталитет становится проблемой, когда один из супругов навязывает такие же высокие стандарты, которые установлены у него на работе, своим домашним и себе, создавая атмосферу напряженности в семье. Никто не хочет отставать от других, совершать ошибки или грехи, но факт остается фактом: все мы их совершаем. Чем раньше мы признаем свои ошибки, тем быстрее сможем с ними справиться и двигаться дальше.

2. Принесите свой грех Богу

В 1 Иоанна 1:9 мы находим такую освобождающую истину:

Если исповедуем грехи наши, то Он, будучи верен и праведен, простит нам грехи наши и очистит нас от всякой неправды.

Точно так же в Послании к Евреям 10:17 Святой Дух говорит:

...и грехов их и беззаконий их не воспомяну более.

Это замечательная весть для всех нас. Нам не нужно быть совершенными! Нет больше нужды пытаться скрывать или отрицать свой грех. Мы можем вынести его на свет и прийти с ним к Богу. Вот что значит исповедовать свои грехи. Когда мы это делаем, Бог обещает простить нас и удалить грязь и зловоние этого греха из нашей жизни. Сокрытие фактов, попытки убедить себя и других в своей невиновности, когда на самом деле мы виновны, — это пустая трата времени и сил. Гораздо лучше сразу признать свою вину и просто сказать: «Прости!»

3. Попросите друг у друга прощения

Исповедав Богу свои грехи и получив от Него прощение, мы готовы исправить наши отношения. Мы не раз убеждались в том, насколько освобождающим может быть этот шаг. Когда мы обижаемся или грешим друг против друга, то находим время, чтобы вместе прояснить ситуацию и при необходимости простить друг друга. Эта простая стратегия позволяет нам сохранять мир и единство.

Многие люди чувствуют себя неловко, когда говорят о грехе или вине. Более того, некоторые пары редко говорят о том, кто и в чем виноват, и не знают, за что просить прощения. Их отношения могут казаться гармоничными, но оба понимают, что между ними что-то не так. По каким-то причинам они предпочитают замалчивать ситуацию.

Другие пары без проблем обсуждают, что́ пошло не так и кто в этом виноват. Но они никогда не приходят к тому, чтобы попросить прощения, так как заканчивают спором и ходят по кругу. Ни к чему продуктивному эти разговоры не приводят, ведь у них нет инструментов для решения проблемы греха в браке. Если у вас именно такая ситуация, то вам особенно пригодится молитва о прощении для супружеских пар, приведенная в следующей главе.

4. Будьте готовы меняться

Требуется желание и решимость обоих партнеров не возвращаться к прежним грехам и греховным моделям поведения. Иисус сказал в Матфея 18:22, что мы должны прощать снова и снова. Но Он не имел в виду, что мы можем продолжать грешить сколько угодно, потому что наш партнер обязан простить нас в любом случае. Если мы не желаем меняться, то, скорее всего, мы не раскаялись от всего сердца и не возненавидели свой грех. Без настоящего покаяния не может быть ни настоящего прощения, ни настоящего изменения.

Будучи частью Божьей семьи, муж и жена также могут считаться братом и сестрой. 1 Иоанна 2:9-11 предупреждает нас, чтобы мы не оставались во тьме:

Кто говорит, что он во свете, а ненавидит брата своего, тот еще во тьме. Кто любит брата своего, тот пребывает во свете, и нет в нем соблазна. А кто ненавидит брата своего, тот находится во тьме, и во тьме ходит, и не знает, куда идет, потому что тьма ослепила ему глаза.

5. Будьте привержены истине

Многие браки разрушаются из-за того, что люди отказываются признать правду о том, каковы они на самом деле и что они сделали или не сделали. Когда им указывают на это, они начинают защищаться или пытаются переложить вину на партнера. Другие молчат и постепенно отстраняются от супруга на эмоциональном уровне. Если в итоге пара расстается, то официальная версия такова: они просто отдалились друг от друга, и никто в этом не виноват.

Сегодня даже в некоторых христианских кругах непопулярно говорить о грехе или о необходимости установления вины как предпосылки для прощения. Мы не хотим смущать людей, причинять им дискомфорт. Но иногда для того, чтобы покаяться, необходимо почувствовать дискомфорт. В частности, нам необходимо ощутить тяжесть собственных грехов и всего того, что мы делаем, говорим, думаем или чувствуем, того, что причиняет боль Богу, нашему супругу и нам самим.

В этом процессе борьбы с грехом мы должны быть привержены установлению истины между нами. Нам нужно научиться докапываться до сути вещей и выяснять, что же произошло на самом деле. Кто виноват и в чем. Как же еще мы сможем просить прощения у Бога или друг у друг, чтобы это имело смысл? Но как только у нас появится ясность, мы сможем простить друг друга, примириться и двигаться дальше.

Пауза для размышлений

- Признаете ли вы грехи и ошибки или склонны замалчивать их?
- Умеете ли вы справляться с конфликтами или стараетесь избегать их?
- Можете ли вы говорить о грехах и прощении в паре?

МОЛИТВЕННЫЙ ИНСТРУМЕНТ ДЛЯ ВОССТАНОВЛЕНИЯ

Молитвы о прощении

Теперь мы переходим к нашему первому молитвенному инструменту. Он состоит из трех шагов. С его помощью можно разобраться с любым грехом, который встал между вами и Богом или между вами и вашим супругом. Эти шаги просты, но действенны и позволят вам самостоятельно справиться со многими проблемами в вашем браке. Мы призываем вас применять этот инструмент снова и снова!

Шаг 1. Исповедайте свой грех

Вы можете сказать:

Дорогой Господь Иисус Христос, я сожалею о том, что... (укажите конкретно, какие ваши поступки, слова или чувства были неправильными). *Пожалуйста, прости меня!*

Если необходимо, попросите прощения у супруга. Пример:

Я сожалею, что обидела и причинила тебе боль своими мыслями, словами или действиями (укажите конкретно). Я больше не хочу так поступать. Пожалуйста, прости меня!

В ответ супруг может сказать:

Я прощаю тебя за то, что ты мне сказала или сделала!

Шаг 2. Примите прощение

Вы можете сказать:

Господь Иисус Христос, я принимаю Твое прощение. Спасибо, что простил меня!

Если вы чувствуете необходимость простить себя, скажите:

Я прощаю себя!

Когда Иисус Христос прощает ваши грехи, важно, чтобы вы приняли Его прощение. Точно так же, когда ваш партнер прощает вас, вы должны принять его или ее прощение. Это второй шаг, на котором мы принимаем прощение, о котором просили. Многие люди продолжают испытывать чувство вины, даже если они признались и попросили прощения. Все меняется, когда они принимают сознательное решение принять этот замечательный дар.

Некоторые люди отчаянно хотят принять Божье прощение, но просто не могут. Возможно, они знают, что виновны в больших проступках. Они презирают и ненавидят себя за содеянное. Часто требуется особая молитва освобождения, в которой мы приказываем духу непрощения оставить нас. Когда этот дух уходит, гораздо легче принять Божью милость и простить себя. Молитвы освобождения мы рассмотрим в последнем разделе.

Как-то раз в Аргентине Дэниела попросили посетить умирающего врача и помолиться с ним. Тот тяжело заболел вскоре после того, как ушел от жены к другой женщине. Его новая возлюбленная не захотела оставаться с больным человеком и не мешкая бросила него. К удивлению врача, жена приняла его обратно и стала ухаживать за ним. Прощение жены и ее жертвенная любовь к мужу сделали его жизнь чрезвычайно тяжелой. Он горько плакал, рассказывая Дэниелу свою историю, но не мог принять ни Божьего прощения, ни прощения жены. Он признавал свои грехи, но не мог простить себя за то, как поступил с женой. Он ухватился за мысль, что заслуживает страданий, и умер в страшных мучениях.

Чувство вины способно терзать и разрушать нас. Вот почему так важно справиться с ним, не только признав и исповедав свой грех, но и приняв прощение.

Примечание. Если вам все еще трудно принять прощение, возможно, вы нуждаетесь в исцелении ваших душевных ран. Мы рассмотрим это в следующем разделе.

Шаг 3. Исправьте ситуацию

Вы можете сказать:

Господь Иисус, пожалуйста, покажи мне, что я должен исправить.

Вы можете попросить Иисуса показать вам, что вам нужно исправить в отношениях с другими людьми, или где загладить свою вину. Подождите и послушайте, что скажет Святой Дух. Может быть, вы также захотите обсудить это с супругом. Возможно, у него или у нее есть дельный совет, который поможет вам вернуть все на правильный путь.

Мы хотим призвать вас проявить решимость в борьбе с грехом в вашей жизни и браке. Принесите свою вину Богу, попросите и получите Его прощение. Господь милостив. Он простит вас и поможет измениться! По мере того как грехи и проступки будут терять свою силу и власть над вами, вы будете переживать восстановление своего брака. Это красиво и сильно!

Примечание. Возможно, вы захотите обсудить некоторые вопросы или ситуации с третьим лицом. Может статься, у вас есть личная проблема, которая влияет на ваш брак, и вы оба чувствуете себя измотанными, пытаясь решить ее самостоятельно. Исповедь и/или консультация у священника, пастора или консультанта, заслуживающих доверия, может принести ощутимую пользу и поспособствовать восстановлению и исцелению. Но у вас должно быть желание и решимость измениться. Это самое важное условие для того, чтобы исповедь или консультация принесли плоды.

Признавайтесь друг пред другом в проступках и молитесь друг за друга, чтобы исцелиться: много может усиленная молитва праведного.

Иакова 5:16

Пауза для размышлений

- Можете ли вы принять прощение?
- Можете ли вы простить своего супруга?
- Есть ли что-то, что вам нужно исправить? Для этого попрактикуйтесь в применении молитвы о прощении.

ПОПАДАНИЕ В ЦЕЛЬ

Учимся противостоять и сохранять связь

Некоторые люди раскаиваются и стараются исправиться. Но вскоре их снова тянет к прежним грехам! Как же научиться эффективно противостоять греху и не возвращаться к старым греховным привычкам?

Мы считаем, что ключом к противостоянию греху, который так легко подкрадывается к нам, является христианское общение в паре. Что мы под этим понимаем? С одной стороны, мы общаемся с Богом как отдельные личности, когда приближаемся к Нему во время молитвы, чтения Библии и поклонения. Но мы также должны проводить время с Богом как пара. Возможно, вы слышали популярную поговорку: «Супруги, которые молятся вместе, остаются вместе!» В течение многих лет мы вырабатывали в себе привычку проводить время с Богом каждый день, как по отдельности, так и вместе. В Псалме 118:11 говорится:

В сердце моем сокрыл я слово Твое, чтобы не грешить пред Тобою.

Мы ежедневно читаем Слово Божье, чтобы сокрыть его в своем сердце и позволить ему преобразить нас и уберечь от разрушительных ловушек греха. В Библии содержится много мудрости и практических наставлений о том, как жить супругам и как относиться к другим людям. Читая Библию, мы также можем просить Святого Духа исправить нас, показать нам скрытые грехи, о которых мы, возможно, не знаем, и помочь нам преодолеть их.

Мы не должны пытаться справиться с грехом своими силами. Библия говорит, что в нас живет Святой Дух. Именно Он укрепляет нас и дает нам победу над грехом — в том числе и над грехом в браке. В Послании к Галатам 5:16 написано:

Я говорю: поступайте по духу, и вы не будете исполнять вожделений плоти...

Другими словами, именно общение со Святым Духом в сочетании со знанием и применением Слова Божьего позволяет нам эффективно противостоять греху как индивидуально, так и в паре. Когда мы живем в соответствии с Евангелием Иисуса Христа, наша жизнь и брак наполняются миром и покоем.

...Блаженны, чьи беззакония прощены и чьи грехи покрыты.

Римлянам 4:7

Большую помощь может оказать общение с другими людьми, которые ищут Бога и стремятся к Нему в своем браке. Общение с группой верующих или поместной церковью может укрепить вас духовно и помочь более эффективно бороться с грехом.

Библейский царь Давид был человеком, который в одних областях добивался впечатляющих успехов, а в других — терпел катастрофические неудачи. Когда он самодовольно расслабился и пренебрег отношениями с Богом, то в итоге скатился до греха прелюбодеяния с жившей по соседству женщиной. Узнав, что Вирсавия забеременела, Давид попытался скрыть свою вину, убив ее мужа Урию (см.: 2 Царств 11). Однако осознание своего греха и последствий содеянного глубоко потрясло Давида. Он пришел в себя и, наконец, обратился к Богу с мольбой о прощении. Его молитву покаяния можно прочитать в Псалме 50.

Мы также взяли за правило регулярно молиться молитвой Давида индивидуально и как супружеская пара. Мы хотим дать Богу возможность показать нам, в чем мы должны измениться, чтобы не натворить бед.

Прежде чем вы продолжите чтение, мы предлагаем вам сделать эти стихи своей личной молитвой:

Отврати лицо Твое от грехов моих и изгладь все беззакония мои. Сердце чистое сотвори во мне, Боже, и дух правый обнови внутри меня. Не отвергни меня от лица Твоего и Духа Твоего Святого не отними от меня. Возврати мне радость спасения Твоего и Духом владычественным утверди меня.

Псалом 50:11-14

Пауза для размышлений

- Как вы развиваете общение с Господом на личном уровне?
- Как вы развиваете общение с Богом в паре?

ИСЦЕЛЕНИЕ

Учимся исцелять душевные раны

СИЛА ИСЦЕЛЕНИЯ В БРАКЕ

Призваны исцелять друг друга

С годами мы все больше убеждаемся в том, что Бог хочет дать нам, мужьям и женам, возможность выявить и исцелить душевные раны, которые наносят ущерб нашему браку. Когда мы это делаем, наш брак превращается в чудесное место исцеления и дружбы!

Когда мы только поженились, каждый из нас имел некоторый опыт применения молитв об исцелении. Но мы даже не представляли, насколько важными окажутся эти молитвы для счастья наших отношений и успеха нашего совместного пути. Знание того, как эффективно исцелять свои раны, стало одним из наиболее значимых факторов, позволивших нам расти вместе в любви и единстве. Мы рады поделиться с вами нашими знаниями и инструментами. Мы верим, что ваш брак также обновится и укрепится, когда вы начнете понимать это и молиться об исцелении друг друга.

Божья помощь в исцелении

Возможно, у вас есть личные или общие раны, полученные в прошлом или настоящем, которые негативно влияют на ваши супружеские отношения. Эти раны могут быть поверхностными или глубокими. Их может быть много или всего несколько. Вы можете точно знать, кто, когда и как причинил вам боль. А может быть, все не совсем ясно, но вы чувствуете, что эмоционально вы не так здоровы, как хотелось бы, и что у вас есть какие-то «чувствительные точки» внутри.

Какой бы ни была ситуация, Бог видит нашу боль и нашу потребность в исцелении. Ни одна внутренняя рана не скрыта от Его взора, и ни одна рана не является настолько уродливой, чтобы Он не мог ее исцелить. В Псалме 102:2-3 мы читаем, что Господь Сам исцеляет все наши немощи:

Благослови, душа моя, Господа и не забывай всех благодеяний Его. Он прощает все беззакония твои, исцеляет все недуги твои...

Как мы видели в предыдущем разделе, Бог предоставляет нам возможность и способ справиться с нашими грехами и проступками. Но Он также открыл нам путь к эмоциональной и физической целостности! У пророка Исаии мы читаем, что Господь лично понес нашу боль на кресте, и Его раны принесли нам исцеление:

...Он взял на Себя наши немощи и понес наши болезни... и ранами Его мы исцелились.

Исаия 53:4-5

В этом разделе мы вместе посмотрим, как применять то, что Иисус сделал для нас. Мы узнаем, как молиться за себя и друг за друга, чтобы исцеление, ради которого Иисус умер на кресте, произошло в нашей жизни и в нашем браке. Мы сосредоточимся на трех молитвах об исцелении, которые лежат в основе нашего подхода. С их помощью можно исцелить эмоциональные раны и болезненные воспоминания, а также справиться с негативными реакциями на эти раны.

Исцеление нужно всем

Многие люди считают, что эмоциональное исцеление нужно только тем, у кого глубокие или сложные раны. Так, например, если у человека была вполне счастливая жизнь и он никогда не переживал ничего похожего на травму или насилие, он не сразу подумает о том, что ему может понадобиться эмоциональное исцеление. Также не подумает о необходимости исцеления другого человека, который может осознавать наличие внутренней боли в своей жизни, но склонен либо смириться с ней, либо не придавать ей значения. В конце концов, есть люди, которые страдают гораздо сильнее, и ему не хочется жаловаться или привлекать к себе внимание.

На самом деле многие ситуации могут причинить нам боль и ранить на разных уровнях. Если не лечить, то даже, казалось бы, пустяковая, поверхностная рана может загноиться и негативно повлиять на нашу жизнь и жизнь окружающих нас людей. Именно поэтому важно серьезно относиться к обидам любого рода и учиться справляться с ними как можно скорее. Подтверждением тому служит следующий пример.

Представьте себе мальчика, над которым часто смеются в школе. Злые слова и насмешки, которые ежедневно бросают в его адрес одноклассники, глубоко ранят его душу. Если никто не заметит его страданий, не утешит и не поможет прекратить издевательства, он останется один на один с этой ситуацией.

Есть вероятность, что он начнет отвергать себя. Он может начать верить в ложь о своей ценности как личности, например: «Наверное, со мной что-то не так, раз люди так ко мне относятся. Никто не хочет со мной дружить, значит, я никчемный и скучный. Я — посмешище, поэтому мне лучше быть осторожным и не привлекать к себе внимания».

А теперь представьте, что этот мальчик вырос и счастлив, что школьные годы остались в прошлом. Он влюбляется и женится на женщине своей мечты. Но внутренние раны так и остались незалеченными. Ложь, в которую он тогда поверил, засела где-то в глубине его сознания. Постепенно яд его прошлого начинает просачиваться наружу и влиять на его настоящее, особенно на отношения с женой. Например, его глубокое чувство неуверенности в себе проявляется в неспособности воспринимать советы или критику жены, не расстраиваясь при этом. Или в навязчивой потребности стараться угодить всем, даже если это не удается и в итоге в душе появляется чувство обиды.

Разумеется, это упрощенный пример, приведенный с целью показать, как эмоциональные раны прошлого могут негативно влиять на наш брак сегодня и поэтому должны быть исцелены, чтобы мы могли расти и двигаться дальше. Если быть честными, то в какой-то момент жизни нам всем причиняли боль разные люди и ситуации. Но Бог хочет исцелить нас и сделать что-то новое. Читая дальше, давайте откроем себя Святому Духу и позволим Ему показать нам, что́ в нашей жизни еще нуждается в исцелении.

Эмоциональные раны

Внутренние раны могут быть как небольшими и поверхностными, так и сложными и глубокими. От некоторых обид мы можем избавиться довольно легко, в то время как более глубокие раны могут потребовать эмоционального исцеления. Многое в жизни может нас ранить, и все мы реагируем на это по-разному. У нас могут быть раны, нанесенные ситуациями и людьми в настоящем, недавнем или далеком прошлом, либо даже в момент нашего зачатия.

Мы молились со многими людьми, которые пережили отвержение в раннем возрасте. Других отвергли родители при рождении или еще в утробе матери, потому что они не были тем мальчиком или девочкой, которых ждали. Быть отвергнутым за то, что ты «не того» пола, — одна из самых болезненных ран, с которыми мы имеем дело в нашем служении. Но мы также молились с людьми, которые родились с ранами от того, что от них пытались избавиться еще в утробе матери посредством аборта.

Кроме того, у нас может быть много болезненных переживаний в детском или подростковом возрасте, например, потеря одного из родителей в результате развода или смерти. Это может оставить сильное чувство незащищенности. Опять же, многие дети переживают отвержение в семье. Кто-то из родителей или опекунов заставляет их чувствовать себя менее умными, менее красивыми, менее спортивными, просто не такими хорошими, как их братья и сестры.

Других в детстве обделяли вниманием, с ними дурно обращались, издевались, высмеивали или никогда не воспринимали всерьез. Возможно, кто-то из родителей страдал от психического заболевания или зависимости. Эти дети росли, испытывая страх и стыд. Им трудно поверить в то, что они могут сделать что-то правильно, и они переносят это внутреннее убеждение в брак. Наконец, многие люди носят в себе боль предыдущих отношений или браков и боятся, что их нынешние отношения тоже не продержатся долго.

Почему время не лечит все

Подобно тому, как физическую рану или порез необходимо продезинфицировать и дать ей зажить, чтобы предотвратить бактериальную инфекцию, так и душевные раны необходимо очищать, чтобы предотвратить духовное заражение. Духовная инфекция возникает, когда к эмоциональной боли примешиваются негативные реакции на обиду, такие как непрощение, горечь или ненависть, и рана начинает гноиться. Как инфекция в нелеченых физических ранах способна распространиться по всему организму и нанести огромный вред или даже привести к смерти, так и духовная инфекция способна испортить или даже разрушить брак. Вот почему так важно научиться исцелять старые и новые раны. И иметь наготове инструменты исцеления, чтобы быстро справляться с обидами и болью в будущем.

Люди, не научившиеся справляться с обидой, склонны подавлять или оправдывать ее. Другие предпочитают игнорировать обиду, надеясь, что время излечит их от боли. К сожалению, ни один из этих методов не является оптимальным и эффективным в долгосрочной перспективе. По нашему опыту, ситуации давления, как правило, выводят боль от незажившей раны на поверхность, вызывая другие негативные реакции. Например, неисцеленная боль часто проявляется в виде гнева, ненависти и непрощения и может отравить любые отношения. Незажившие или духовно инфицированные раны могут также приводить к возникновению негативных моделей поведения или подпитывать уже имеющиеся. Более подробно мы рассмотрим это в следующей главе.

Пауза для размышлений

- Принесли ли вы в свой брак какую-либо боль или обиду из прошлого?

- Чувствуете ли вы сегодня боль, связанную с чем-то в вашем браке, от которой необходимо исцелиться?

- Что вы обычно делаете, когда ваш супруг / супруга или кто-то другой причиняет вам боль?

РАЗРУШЕНИЕ МОДЕЛЕЙ ПОВЕДЕНИЯ, ПРИЧИНЯЮЩИХ БОЛЬ

Изменения возможны

За две недели до свадьбы мы прошли в Швейцарии курс подготовки к браку. У большинства других пар до знаменательного дня было полгода или даже год, поэтому мы, наверное, выглядели немного неорганизованными! Но правда была в том, что мы вплоть до самой свадьбы жили в двух разных странах. В те времена не было ни онлайн-курсов, ни видеоконференций, поэтому мы решили, что пройти курс в последний момент лучше, чем не пройти его вовсе.

Мы ни разу не пожалели о своем решении посетить этот курс, потому что он открыл нам глаза на опасность того, что негативные привычки могут укорениться в браке и посеять хаос. Руководители курса призвали нас принять решение, что если кто-то из нас обидит другого, то всегда при первой же возможности мы будем говорить друг с другом и вместе молиться о случившемся. Мы приняли это решение, оно оказалось правильным и остается таким по сей день.

Истина освобождает нас

Если мы не проявляем осторожность, то, как мы уже видели на примере греха, обида и наша реакция на нее могут привести к негативным моделям поведения в браке. Это ведет к напряженности в наших отношениях, но Иисус сказал:

...и познáете истину, и истина сделает вас свободными.

Иоанна 8:32

Осознание правды о наших чувствах и поведении открывает путь к свободе и исцелению. Это хорошая весть!

Конечно, наша жизнь началась не тогда, когда мы поженились. У нас была жизнь до брака! В этой жизни нас могли обижать, и мы обижали других. Эти обиды и боли мы можем принести в наш брак. Как следствие, некоторые слова или действия нашего супруга могут вызвать в нас какие-то реакции. Мы сознательно или неосознанно вспоминаем о другой болезненной ситуации в прошлом. В результате нам становится очень трудно рационально относиться к нынешней ситуации. Мы расстраиваемся или злимся, возможно, даже теряем контроль над собой и набрасываемся на супруга, даже если он не имеет к нам никаких дурных намерений. Подобные реакции могут подливать масла в огонь, усиливая напряжение и нанося новые раны, так что мы оказываемся в замкнутом круге. Если мы будем противодействовать этому, то модели поведения, причиняющие боль, могут укорениться.

Мы были свидетелями многих таких ситуаций в парах, которые консультировали на протяжении многих лет. Приведенные ниже примеры призваны помочь вам лучше понять, какое негативное влияние на супружеские отношения могут оказывать модели поведения. Несмотря на то что некоторые детали биографии у разных людей могут отличаться, модели поведения в результате часто оказываются схожими.

Распространенные примеры негативных моделей поведения:

- Мужчина растет избалованным и находится под доминирующим влиянием матери. В брак он вступает с пассивной позицией, его легко запугать. В результате его пассивности жена берет на себя ведущую роль, которая вызывает у нее все большее недовольство и раздражение. Это приводит к обоюдным обидам и разочарованию.

- Женщина растет в семье, где отец-алкоголик изменяет ее матери. Ложь, агрессия и неверность, свидетелем которых она становится, вызывают у нее чувство глубокого разочарования и неуверенности в себе. Имея перед собой пример отца, она вступает в брак с подозрительным и негативным отношением к мужчинам. Она бессознательно проецирует деструктивное поведение отца на своего мужа. Она ожидает от него дурное отношение и поступки, что приводит к обоюдным обидам, упрекам и разочарованию.

Как видим, вступая в брак, люди могут принести с собой полный чемодан боли, гнева, отвержения, самоотрицания, ненависти и многих других негативных эмоций, связанных с их прошлой жизнью и отношениями. Таким образом, переживания прошлого негативно влияют на их супружеские отношения в настоящем.

Отказ от негативных моделей поведения

Деструктивные модели поведения, возникающие в результате обид и реакций на обиды, являются признаком того, что в какой-то области нашего брака мы не совсем целостны. Чем раньше мы это осознаем, тем быстрее начнем бороться с этими моделями и двигаться к переменам. Начать можно с анализа собственных реакций. Не указывают ли они на то, что мы или наш супруг носим в себе какую-то внутреннюю рану? Цель состоит в том, чтобы выявить все негативные модели, которые влияют на наш брак, и затем разрушить их в молитве.

Признавайтесь друг пред другом в проступках и молитесь друг за друга, чтобы исцелиться: много может усиленная молитва праведного.

Иакова 5:16

Очень легко резко отреагировать на слова или поступки партнера, даже если мы знаем, что он действует из чувства обиды. К сожалению, это приводит к конфликту, и в итоге мы причиняем друг другу еще большую боль. Когда все обостряется, мы можем даже не знать, что послужило причиной конфликта!

Подобные модели или цепные реакции, к сожалению, встречаются довольно часто. Многократное их повторение может привести к тому, что люди опускают руки и даже отказываются от брака. Вместо того чтобы стать местом исцеления, каким его задумал Бог, брак воспринимается как тюрьма, где вас избивают и загоняют в угол. Если у нас нет инструментов, позволяющих справляться с обидами и конфликтами, трудно поддерживать более глубокие отношения. Часто кажется, что самое лучшее — это отстраниться или убежать. Но впоследствии мы все равно оказываемся такими же одинокими и изолированными. Мы не хотим брать на себя обязательства перед другим человеком и вкладываться в отношения, которые в любом случае будут недолгими.

Именно в этой ситуации, в этих обстоятельствах Бог хочет протянуть руку помощи и исцелить нас! Он хочет дать нам новую надежду и уверенность в том, что мы можем сделать наш брак успешным. Чем более целостными мы станем, тем больше каждый из нас сможет внести положительного в наши отношения — тем больше времени мы захотим проводить вместе. Ощущение, что вы обязаны проводить время вместе, когда вы предпочли бы этого не делать, зная, что в итоге вы будете только обижать и критиковать друг друга или станете придумывать отговорки, чтобы не быть вместе, уйдет в прошлое!

Никогда не поздно. История Джеймса и Линды

Это история пары, которой мы служили какое-то время в прошлом. Они разрешили нам поделиться их опытом примера того, как эмоциональные раны и модели поведения, которые они порождают, могут угрожать благополучию брака, но что никогда не поздно молиться об исцелении — даже если этим ранам десятки лет.

«С нас хватит! Если Бог не исцелит нас, у нас не будет другого выхода, кроме как разойтись...» После почти сорока лет брака Линда и Джеймс (имена изменены) были измотаны, разочарованы и доведены до отчаяния. Они предпринимали множество попыток работать над собой и своими отношениями, но в ключевых областях мало что изменилось. Джеймс был пассивен, довольствовался тем, что все вопросы решала жена, и с трудом выражал свои чувства. Линда была темпераментной и с самого начала брала инициативу в свои руки. Проблема заключалась в том, что чем старше она становилась, тем меньше у нее оставалось сил и энергии на прежние дела, и тем больше она обижалась на мужа за то, что он не справляется со своими обязанностями. Если честно, ни Линда, ни Джеймс не хотели расставаться. Они стремились к единству и надеялись, что Бог поможет им обрести мир и найти способ наладить отношения.

Мы объяснили супругам, что корни негативных моделей поведения в браке часто кроются в эмоциональных ранах и духовной несвободе. Бог точно знает, в чем эти корни, и мы можем попросить Его показать нам их. Мы предложили им поработать с нами, применяя этот подход, и они с готовностью согласились. Каждый раз, когда они приходили на консультацию, на поверхность всплывали глубокие, скрытые раны из их детства или брака.

Один из самых важных корней, которые показал Господь, был связан с инцидентом, произошедшим в первые недели их супружеской жизни. Недалеко от их дома Линда стала жертвой попытки изнасилования. Она рассказала Джеймсу о случившемся, надеясь найти у него утешение и защиту. Но из-за события, пережитого им в детстве, о котором он рассказал во время нашего разговора и совместной молитвы, Джеймс был полностью подавлен и парализован той ситуацией. В результате он не смог проявить сочувствие или предпринять дальнейшие шаги, чтобы защитить жену. Реакция мужа шокировала и глубоко ранила Линду. Она ответила гневом, горечью и подозрительностью. Ведь это был не первый случай в ее жизни, когда мужчина нападал на нее, а те, кому она доверяла, закрывали на это глаза. Ее муж, похоже, ничем не отличался от других...

В то время ни у Линды, ни у Джеймса не было инструментов, позволяющих справиться с подобной ситуацией, поэтому они постарались забыть об этом ужасном случае и жить дальше. Но Линда так и не смогла снова полностью открыть свое сердце мужу. Между ними образовалась глубокая пропасть.

С помощью комбинации молитвенных инструментов, приведенных в нашей книге, эта глубокая рана и другие, связанные с ней, были полностью исцелены. В результате отношения супругов кардинально изменились. Джеймс отмечает, что он стал более активным, решительным и с удовольствием проявляет инициативу. Линда учится доверять своему мужу и отпускать инициативу. В их отношениях царят любовь и уважение. Они даже начали самостоятельно применять молитвенные инструменты и молиться друг за друга, когда это необходимо. Наконец-то они обрели мир и единство, которых так жаждали: «Мы все та же пара, но наши отношения стали совершенно новыми благодаря силе Христа, действующей через молитвы исцеления!»

Пауза для размышлений

- Существует ли в вашем браке негативная модель поведения, причиняющая боль? Попросите Святого Духа показать вам, что является ее причиной.
- Вместе: попросите прощения за ту боль, которую вы причинили друг другу своими словами или поступками. Попросите Бога простить вас и исцелить вашу рану.

ИСЦЕЛЕНИЕ СТАРЫХ И НОВЫХ РАН

Молитвы об исцелении душевных ран

Мы рассмотрели, как можно получить эмоциональные раны и почему они требуют исцеления, если мы хотим наслаждаться более глубоким единством, любовью и дружбой в браке. Возможно, вы уже смогли определить некоторые раны в своей жизни или отношениях? Теперь вопрос в том, как вы можете справиться с болью этих ран, чтобы они больше не беспокоили вас и вы могли возрастать в любви и дружбе вместе? Мы верим, что как супруги мы можем служить исцелению и свободе друг друга. Научиться применять молитвы об исцелении от боли, предложенные в этой главе, — важный ключ, который поможет вам делать это эффективно.

Исцеление брака — в процессе

Когда Святой Дух показывает нам раны в нашей жизни или в жизни нашего партнера и мы знаем, как молиться об исцелении, тогда Бог может использовать нас для исцеления даже самых глубоких ран. Прочитайте еще раз Иакова 5:16:

> *Признавайтесь друг пред другом в проступках и молитесь друг за друга, чтобы исцелиться: много может усиленная молитва праведного.*

Какой невероятный стих! В предыдущем разделе мы уже говорили о том, как мы можем просить и получать прощение за наши грехи. Это согласуется с первой частью стиха: «*Признавайтесь друг пред другом в проступках...*» Выполнив это, мы готовы ко второй его части: «*...и молитесь друг за друга, чтобы исцелиться...*» Наша задача ясна: *молиться друг за друга, чтобы исцелиться.*

Молясь об исцелении, мы не обязаны следовать каким-то особым словам или ритуалам. Однако многие люди считают удобным работать с образцом молитвы. Это помогает им понять и усвоить принципы исцеления и применить их в своей ситуации. Именно поэтому мы привели в этой книге пример молитвы об исцелении и других молитв. Мы хотим дать вам адаптируемые инструменты, которые вы сможете применять снова и снова. Мы надеемся и молимся о том, чтобы, начав применять эти инструменты, вы испытали на себе исцеляющую силу Бога, превращающую ваш брак вместо великого исцеления, как это произошло с нами!

Применение молитвы об исцелении ран

Что мы можем сделать, когда чувствуем боль или раздражение, например? Лучше всего начать с поиска корня. Это может быть связано с болью прошлого или новой.

Спросите себя:

- Почему мне больно? Это связано с тем, что мой супруг сказал или сделал по отношению ко мне что-то нехорошее?
- Или это что-то более глубокое, связанное с чем-то совсем другим, эмоциональное воспоминание о чем было вызвано тем, что сказал или сделал мой супруг?

Если дело просто в том, что ваш супруг обидел вас, сказав или сделав что-то не так, то постарайтесь поговорить об этом. Если супруг осознает, в чем он был неправ, у него есть возможность извиниться, получить прощение и примириться. Например, супруг, просящий прощения в данной ситуации, может сказать: «Прости, я был нетерпелив и сорвался на тебя из-за усталости». На что вы можете ответить: «Я тебя прощаю!»

Вот что говорится в Послании к Ефесянам 4:26-27:

Гневаясь, не согрешайте: солнце да не зайдет во гневе вашем; и не давайте места диаволу.

Псалом 4:5 подкрепляет это указание:

Гневаясь, не согрешайте: размыслите в сердцах ваших на ложах ваших, и утишитесь...

Многие конфликты могут быть разрешены с помощью такого простого, библейского подхода. Однако ситуация осложняется, когда один из супругов искренне сожалеет о сказанном или сделанном, а другой просто не может простить. Это может быть признаком того, что здесь кроется нечто более глубокое, требующее более пристального внимания. Нередко горькие корни связаны с давней раной. В этом случае мы можем пойти еще дальше и попросить Святого Духа показать нам, откуда именно исходит Святой Дух.

Вы можете помолиться так:

Дух Святой, пожалуйста, покажи мне (или нам), почему я чувствую такую боль и обиду и не могу простить.

Затем подождите немного и прислушайтесь к тому, что показывает или говорит Святой Дух. Возможно, в голову внезапно придет какое-то воспоминание или конкретная мысль. Часто Святой Дух показывает нам, что боль, обида и т. п., мешающие нам простить партнера, не имеют ничего общего с ним или даже с нашим браком, а связаны с болезненной ситуацией в прошлом. В этом случае воспользуйтесь нижеприведенными молитвами об исцелении и попросите Господа исцелить вашу рану. Мы убедились, что многие душевные раны могут быть по-настоящему исцелены, если выполнить эти три простых молитвенных шага. Вы можете применять их вместе или по отдельности.

Молитва об исцелении ран для супружеских пар

Шаг 1. Расскажите Иисусу, что причинило вам боль

Вы можете сказать:

Дорогой Иисус, мне больно, потому что...

Очень важно, чтобы мы выражали свои истинные чувства в отношении того, что нас обидело. Когда мы приходим к Иисусу, мы можем быть предельно честными. Не нужно пытаться приуменьшить свою боль или стараться быть сильным в Его присутствии. В действительности, если мы позволяем своей боли выйти наружу, Бог получает возможность исцелить нас от нее! Это следующий шаг.

Шаг 2. Попросите Иисуса исцелить вас от боли

Нашему Господу Иисусу во время Его земной жизни было сказано и сделано много обидного. Он знает, что такое подвергнуться издевательствам, быть осмеянным, оклеветанным, отвергнутым, брошенным и даже замученным и убитым.

Вы можете сказать:

Дорогой Господь Иисус Христос, Тебе причиняли боль другие люди. Ты взял на себя мою боль на кресте. Это дает Тебе власть и силу исцелить меня от боли. Я отдаю ее Тебе сейчас. Пожалуйста, исцели меня!

Произнося эту молитву (или молясь своими словами), вы можете внезапно почувствовать настоящую физическую боль в сердце или теле. Это эмоциональная боль. Положите руку на то место, в котором ощущается боль, и скажите:

Спасибо, Иисус, что Ты исцеляешь меня от боли!

Примечание. Будьте осторожны, не переходите от этого шага к следующему слишком быстро. Дайте Господу достаточно времени, чтобы полностью исцелить вас!

Нам очень нравится эта часть молитвы об исцелении от боли. Мы на собственном опыте и на примере других людей убедились, что Иисус действительно приносит здесь реальное утешение и полное и окончательное исцеление. Часто Господь предстает перед супругом, испытывающим боль обиды, в образе, Который тот видит в Своем сознании или духе. Или же человек может внезапно ощутить Его несомненное присутствие и покой. Как бы ни исцелял Иисус, это всегда прекрасно — быть свидетелем Того, Как Господь исцеляет нашего супруга! Многие пары, приходя к нам на консультацию, впервые переживают такое, и это дает им смелость и надежду продолжать молиться друг за друга такими же молитвами дома.

После того как рана исцелена и партнер, о котором молятся, обрел мир, вы готовы к следующему шагу — прощению того, кто сделал вам больно.

Шаг 3. Простите того, кто причинил вам боль

Вы можете сказать:

Я прощаю... за то, что он / она сказал или сделал мне.

Прощение не всегда дается легко. Многие люди прощают с трудом. Но прощение освобождает нас от опасного и пагубного желания отомстить и восстанавливает наш мир. Непрощение же, напротив, портит наши отношения с Богом. Фактически, не прощая, мы обрекаем себя на мучения — мы будем терзаемы негативными чувствами и мыслями, а также вполне реальными демоническими силами. В притче о немилосердном рабе Иисус описывает это состояние как тюрьму. Он показывает, что прощение — это единственный выход (см.: Матфея 18: 21-35).

Если рана исцелена, но вы не можете простить, возможно, вам нужно помолиться об освобождении. В этом случае прикажите духу непрощения покинуть вас и не отступайте до тех пор, пока он не уйдет и вы не сможете простить. Более подробно мы рассмотрим эту молитву в следующем разделе, посвященном освобождению.

После выполнения этих трех шагов, если вы больше не чувствуете боли и смогли простить, скажите:

Спасибо, Иисус, что исцелил меня от боли!

Примечание. Если вы все еще чувствуете боль и прощение дается с трудом, вы можете повторить эти три шага исцеления или двигаться дальше. Иногда для получения полного исцеления необходимо сначала помолиться об исцелении воспоминаний, разобраться с реакцией на обиду или помолиться об освобождении.

Пауза для размышлений

- Какую душевную рану вы хотите принести Иисусу?
- Замечаете ли вы, когда ваш партнер чувствует душевную боль или у него не все ладно?
- Готовы ли вы вместе попробовать молиться об исцелении душевных ран?

РАЗБИРАЕМСЯ С НЕГАТИВНЫМИ РЕАКЦИЯМИ

Молитвы о реакциях

Мы видим, что вместе как пара мы можем принести свою эмоциональную боль Иисусу. Но это только первая часть эффективного исцеления. На следующем этапе необходимо разобраться с нашими реакциями на то, что сказал или сделал наш супруг. Эти реакции могут причинить еще большую боль и разжечь конфликт. Представьте, что у вас был трудный день, или вы просто плохо себя чувствуете, или говорите что-то неосторожное и обидное. Другой не может оставить это без внимания и говорит что-то обидное в ответ, и в итоге вы ссоритесь. Если вам это знакомо, то знайте, что вы не одиноки!

Многие наши реакции на обиду свойственны человеку и понятны. Мы даже можем их оправдать. Но держаться за них — значит создавать еще больше проблем. С другой стороны, справиться с нашими реакциями — все равно что нанести на рану дезинфицирующее средство. Оно убивает болезнетворные микробы и позволяет ране затянуться.

Ответственность за свои реакции

Многие люди так и не могут забыть о том, как с ними поступили. Они продолжают реагировать с горечью, гневом, болью и непрощением, иногда годами. Как и в случае с физическими ранами, возникает своего рода инфекция, которая препятствует полному исцелению. Это состояние можно назвать «духовной инфекцией».

Если мы хотим двигаться вперед, нам нужно разобраться с нашими негативными реакциями на обиду. Многие из них, такие как ненависть, непрощение, жалость к себе и т. д., приводят к греховному поведению. Послание к Ефесянам 4:31 предупреждает нас:

Всякое раздражение и ярость, и гнев, и крик, и злоречие со всякою злобою да будут удалены от вас...

Не стоит держаться за такие реакции и позволять им разрушать нашу жизнь, правильным будет с ними справиться! Приведенный ниже молитвенный инструмент поможет вам разрушить власть негативных реакций и избавить себя и свои отношения от их яда.

МОЛИТВЫ О РЕАКЦИЯХ

Шаг 1. Расскажите Иисусу о своих чувствах по поводу случившегося и о том, как вы отреагировали.

Если вы сказали или сделали что-то не так из-за того, что вам было больно, признайтесь в этом Господу.

Вы можете сказать:

Дорогой Господь Иисус, я чувствую... из-за того, что мой партнер сказал / сделал мне. Это было некрасиво и несправедливо. Но и я тоже сказал / сделал нечто недоброе или несправедливое в ответ, потому что мне было больно.

Важно честно выражать свою реакцию на то, что причинило вам боль. Говорить с Богом о своей реакции на то, что нас ранило, — это не значит погрязать в негативных чувствах, зацикливаться на обиде или даже пытаться оправдать свою реакцию. Ведь это будет способствовать формированию менталитета жертвы, чего мы, конечно же, не хотим! Напротив, открыто и честно рассказывая Богу о своих чувствах, мы позволяем Ему помочь нам справиться с нашей неправильной реакцией и разрушить ее власть и силу. Некоторые реакции на боль могут быть настолько острыми, что мы рискуем навредить себе или своему партнеру, если Бог не поможет нам справиться с ними.

Шаг 2. Попросите Иисуса простить вас за ваши реакции и за то, что вы держались за них

Скажите Иисусу, что вы сожалеете о том, что думали, говорили или делали неправильные вещи в результате вашей реакции на обиду.

Вы можете сказать:

Господь Иисус, пожалуйста, прости меня за то, как я отреагировал, и за то, что держался за эти негативные чувства и реакции.

Когда нас ранят в браке, мы часто сами реагируем на это не лучшим образом. И тогда мы становимся не просто жертвой, а виновником. Признание того, что это произошло, может принести облегчение. Признание того, что мы скверно отреагировали на обиду, нанесенную нам супругом или кем-то еще, ни в коем случае не умаляет и не оправдывает того, как с нами поступили. Это также не дает никому права продолжать причинять нам боль! Но это защищает наши сердца от горьких корней и ложной позиции жертвы, которые так распространены сегодня. Это также позволяет Богу исцелить нас, чтобы мы могли по-настоящему забыть старую и нынешнюю боль.

Шаг 3. Попросите Иисуса забрать негативные чувства
Вы можете сказать:

Я прошу Тебя, Господь Иисус, забери эти негативные чувства (назовите их). Я отпускаю их и отдаю Тебе!

Возможно, вам поможет воображение: представьте, что вы стоите рядом с Иисусом и отдаете Ему все свои негативные чувства и реакции на обиду.

Когда они исчезнут, поблагодарите Иисуса за своего супруга / супругу и благословите его / ее:
Вы можете сказать:

Спасибо, Иисус, за (имя)! Я благословляю его / ее во имя Твое!

Пауза для размышлений

- Как ваши реакции на обиду привели к тому, что вы причинили боль себе или другим?
- Когда вы озлоблялись или говорили обидные вещи?
- Разберитесь с неправильными реакциями с помощью молитвы о реакциях.

КОГДА НАС МУЧАЮТ ВОСПОМИНАНИЯ

Молитвы о воспоминаниях

Теперь мы переходим к третьему молитвенному инструменту — молитве о воспоминаниях для супружеских пар. Составленный по аналогии с молитвами об исцелении и реакциях, этот инструмент предлагает еще один способ получить доступ к нашим душевным ранам и позволить Богу исцелить их.

Когда мы осознаем, какие обиды мы принесли в брак или в каких ситуациях причиняли друг другу боль, может быть целесообразным пригласить Бога в болезненные воспоминания, связанные с этими обидами. Бог не ограничен временем и пространством, поэтому для него не составляет труда исцелить раны, нанесенные событиями в прошлом. Молитва о воспоминаниях позволяет нам получить исцеление как легких, так и серьезных, глубоких ран.

Некоторые обиды или болезненные воспоминания могут быть очень ощутимыми, другие же — подавленными или даже забытыми. Но пока они не будут исцелены, они могут продолжать негативно влиять на наши мысли и поступки. Красота молитвы о воспоминаниях заключается в том, что любая боль или негативная реакция, которые могли появиться у нас в момент возникновения воспоминания, могут всплыть на поверхность нашей жизни и быть исцелены силой Божьей. А когда болезненное воспоминание исцелено, мы обнаруживаем, что по-прежнему помним о случившемся, но это уже не вызывает боли!

Мы считаем этот молитвенный инструмент бесценным. С его помощью мы вместе молились о многих болезненных событиях в нашем прошлом. Каждый раз мы поражались тому, как Господь исцелял и освобождал нас. Мы изумлялись тому, как Святой Дух выводил на свет то, что было скрыто, и как в результате освобождения и исцеления менялась наша жизнь. Следующая история — лишь один из примеров.

Удивленные Святым Духом

В течение многих лет Дэниел, будучи уже взрослым, испытывал странную тревогу, когда на улице темнело. Но он не знал причины этого чувства. Однажды Святой Дух удивил нас, вызвав у Дэниела воспоминание о доме рептилий в зоопарке Цюриха, где тот бывал в детстве. В этом здании всегда было очень темно, и маленький Дэниел боялся большого крокодила. Сейчас, молясь, Дэниел начал испытывать то же чувство тревоги и страха, которое обычно охватывало его с наступлением темноты. Но вдруг он увидел свет. Мы велели духу страха оставить Дэниела и не отступали, пока Дэниел не почувствовал себя свободным. На следующий день, когда начало темнеть, он заметил, что странное чувство исчезло.

МОЛИТВЫ О ВОСПОМИНАНИЯХ

Шаг 1. Попросите Иисуса вернуть вас к болезненному воспоминанию

Вы можете сказать:

Дорогой Господь Иисус, пожалуйста, верни меня к болезненному воспоминанию, которое Ты хочешь исцелить!

Затем подождите и посмотрите, что Бог вызовет в вашем сознании. Удивительно, что иногда всплывает в памяти, когда мы молимся таким образом. Важно при этом не забывать, что Иисус — джентльмен. Он никогда не станет заставлять вас вспоминать то, что в данный момент слишком болезненно для вас. По нашему опыту, нужные воспоминания всегда всплывают в нужное время, и именно они требуют исцеления в тот момент!

Как только воспоминание появилось, позвольте чувствам, связанным с ним, всплыть на поверхность. Попросить Иисуса вернуть нас к болезненным воспоминаниям обычно означает испытать сейчас, в настоящем, те же боль, страх, гнев, ненависть, одиночество и т. д., которые мы испытывали во время травмирующего события в прошлом.

На этом этапе важно дать чувствам достаточно времени для выхода наружу и не пытаться сдерживать себя. В противном случае негативные эмоции, не получив должного исцеления, могут вернуться обратно внутрь и продолжат беспокоить нас.

Шаг 2. Попросите Иисуса войти в болезненное воспоминание

Вы можете сказать:

Пожалуйста, Господь Иисус, приди в это болезненное воспоминание.

Этот шаг не заключается в том, чтобы представить себе, как Иисус что-то делает, или убедить себя в том, что мы видим, как Он делает то или иное для нашего исцеления. Скорее, мы приглашаем Иисуса в ситуацию и даем Ему возможность прийти и явить Себя нам в этот момент. Это очень отличается от того, чтобы просто позитивно относиться к прошлому или представлять себе различные исходы некоторых ситуаций.

Иисус действительно обладает силой приходить в наши болезненные воспоминания и совершать чудесные исцеления! Мы неоднократно убеждались в этом на примере нашего собственного брака и множества людей, которым мы служили. Само присутствие воскресшего Спасителя и Его явление нам в болезненный момент приносит исцеление и свободу, которых невозможно достичь с помощью позитивного мышления или доброжелательных советов.

Иисус являет Себя и исцеляет разными способами. В приведенном нами примере Дэниел увидел свет, который, как мы верим, был светом Христа. Многие люди, молящиеся этой молитвой, действительно видят, как Иисус делает что-то, что утешает, защищает или иным образом глубоко их касается. Другие просто ощущают глубокий, осязаемый мир Божий, который невозможно объяснить словами.

Мир оставляю вам, мир Мой даю вам; не так, как мир дает, Я даю вам. Да не смущается сердце ваше и да не устрашается.

Иоанна 14:27

Шаг 3. Выразите прощение

Если пришло воспоминание о том, как кто-то вас обидел, вы можете произнести:

*Я прощаю... за то, что он / она сказал или сделал мне.
И я прошу Тебя, Господь Иисус, простить меня за...*
(назовите свою реакцию на обиду).

Когда вы почувствуете покой, снова вернитесь к болезненному воспоминанию. Спросите себя: «Что я чувствую сейчас?»

Если вы еще не до конца успокоились, побудьте в молитве в присутствии Бога еще немного, пока не почувствуете Его утешение и мир. Затем поблагодарите Его за исцеление этого воспоминания.

Примечание. Чтобы получить полную свободу от болезненных воспоминаний, вам также могут понадобиться молитвы об освобождении. Мы рассмотрим их в следующем разделе.

Пауза для размышлений

- Есть ли у вас болезненные воспоминания, которые вы хотели бы, чтобы Иисус исцелил?
- Воспользуйтесь молитвой о воспоминаниях и принесите это воспоминание Иисусу и попросите Его исцелить вас.

ОСВОБОЖДЕНИЕ

Учимся молиться о свободе

СИЛА ОСВОБОЖДЕНИЯ В БРАКЕ

Ключ к ощутимым изменениям

Когда мы говорим об освобождении, мы имеем в виду духовный процесс, происходящий в невидимой или духовной сфере. Однако он приводит к вполне реальным и ощутимым изменениям в видимом мире наших мыслей, чувств и поступков.

Если мы хотим испытать на себе изменяющую жизнь силу освобождения, мы должны сначала понять реальность окружающего нас невидимого мира и его влияние на наш брак. Это поможет нам осознать свою потребность в молитвах об освобождении и подготовиться к победе над тьмой, которую Бог уже одержал для нас во Христе Иисусе.

Взгляд за кулисы

Если вы обладатель западного менталитета, то идея о том, что вас окружает и на вас влияет невидимый мир, может быть для вас новой. Так было с человеком, которого мы назовем Джеком и которого Дэниел консультировал здесь, в Швейцарии, несколько лет назад. Джек был алкоголиком, и эта зависимость стала причиной многих проблем в его браке. Он не верил в Бога, но ценил общение с Дэниелом. Однажды, идя по безлюдной улице, Джек проходил мимо бара. Он не собирался туда заходить, но вдруг услышал ясный и отчетливый голос, который сказал: «Давай зайдем и выпьем вместе!» Он оглянулся, чтобы посмотреть, кто его окликнул, но никого не увидел. Улица была по-прежнему пуста. Джек был настолько потрясен случившимся, что сразу же отправился к Дэниелу спросить, что он думает по этому поводу.

На тот момент Джек был психически здоров и имел хорошую работу. Поскольку он не верил в Бога, то не верил и в невидимый или духовный мир. Но когда с ним из ниоткуда заговорил звучный голос, который, как он знал, не мог принадлежать человеку, его глаза внезапно открылись, и он ужаснулся. Он понял, что некая посторонняя сила пыталась манипулировать им, словно марионеткой на ниточке, чтобы заставить приложиться к бутылке. До этого случая Джек гордился своей независимостью и самостоятельностью. Внезапно он понял, что когда дело касается выпивки, то он не контролирует себя и что-то управляет им.

Как обнаружил Джек, независимо от того, верим мы в это или нет, нравится нам это или нет, вокруг нас существует невидимое царство, духовное измерение, которое очень реально. Осязаемый, материальный мир — далеко не все, что существует! Но есть и хорошая новость: если мы принадлежим Господу Иисусу Христу, любим Его и следуем за Ним, то мы ни в коем случае не беззащитны перед духовными силами, которые являются частью этого невидимого царства.

Бог даровал нам победу

Библия учит, что Бог уже раз и навсегда победил дьявола и все находящиеся под его властью силы тьмы, смертью и воскресением Своего Сына, Господа Иисуса Христа. Более того, Он снабдил нас необходимыми духовными инструментами, чтобы мы могли защитить себя и свой брак от любых нападок, совершаемых на нас из невидимого мира.

Проблемы в естественном, видимом мире могут иметь духовную составляющую, как это обнаружил наш друг, боровшийся с тягой к алкоголю в приведенном выше примере. Осознание того, что это может быть так, не должно нас пугать, а наоборот, вселять надежду и смелость. Потому что мы вдруг осознаем, что то, что мы принимали как часть жизни или, возможно, даже то, каковы мы, на самом деле может измениться. И если бы мы смогли одолеть духовные влияния из невидимого мира, которые нас беспокоят, и избавиться от них, то мы были бы свободны!

Как освобождение изменило наш брак

Как и в случае с исцелением, у нас уже был некоторый опыт служения освобождения в самом начале супружеской жизни. Мы оба получили освобождение для себя, и это очень изменило нас. Но мы также молились за освобождение других людей и видели, как меняются многие жизни.

Как мы уже говорили, интимная часть супружеской жизни выводит на поверхность то, что нуждается в восстановлении в каждом из нас. Поэтому вскоре мы тоже столкнулись с внутренними проблемами и негативными моделями поведения. Нам стало ясно, что в этом есть духовная составляющая. Если мы хотели, чтобы наш брак был крепким и счастливым, нам нужно было молиться друг за друга за освобождение для каждого. Молитва об освобождении в скором времени стала для нас столь же важной, как и молитва об исцелении и прощении!

Эстер вспоминает один из случаев нашей первой совместной молитвы об освобождении, который произошел вскоре после свадьбы:

«Как-то раз, когда Дэниел хотел обнять меня, мои руки внезапно взлетели вверх над моей головой, как будто я пыталась защититься от кого-то. Мы знали, что я никогда не сталкивалась с жестокостью или физическим насилием, поэтому такая реакция показалась нам очень странной. Мы решили попросить Святого Духа показать нам, что именно происходит. Во время молитвы я вспомнила случай из своего детства в Кении. Мужчина, работавший в соседнем доме, хотел надругаться надо мной. К счастью, меня позвала мама, которая как раз меня искала. Услышав ее голос, мужчина быстро отпустил меня.

Применив молитву о воспоминаниях, которой мы поделились ранее, я смогла получить Божье исцеление от травмы пережитого. Затем мы стали молиться об освобождении, повелевая всякому духу, получившему доступ в мою жизнь, уйти. Я действительно почувствовала, как что-то, что не было частью меня, покинуло меня. После молитвы об исцелении и освобождении от последствий этого случая у меня больше ни разу не было такой реакции, когда Дэниел пытался меня обнять. Мы также с удивлением обнаружили, что напряжение, которое я раньше испытывала в моменты нашей сексуальной близости, также исчезло и я смогла гораздо больше открыться Дэниелу».

Перемены, произошедшие в нашем браке в результате тех ранних молитв, открыли нам путь к совместной молитве об исцелении и освобождении во многих других ситуациях. Не выходя из дома, мы смогли эффективно помочь друг другу преодолеть многие проблемы в самых разных областях, по мере того как они всплывали на поверхность в нашей жизни.

Мы до сих пор приходим в восторг, когда думаем о том, какие изменения возможны, когда мы молимся об освобождении. А в сочетании с исцелением и прощением освобождение может преодолеть гораздо больше проблем в браке, чем мы когда-либо могли себе представить!

Пауза для размышлений

- Верите ли вы, что невидимый или духовный мир может влиять на ваш брак?
- Есть ли в вашем браке область, в которой, как вы подозреваете, действуют силы тьмы?

ДУХОВНЫЙ МИР ВОКРУГ НАС

Бог дает нам победу

Когда мы сталкиваемся с проблемами в браке и ищем пути их решения, важно понимать, что нас окружает не только невидимый мир, но и духовная борьба в нем. Как люди, созданные по образу и подобию Божьему, мы находимся в центре этой борьбы.

Вот, что говорит об этой битве постол Павел:

...потому что наша брань не против крови и плоти, но против начальств, против властей, против мироправителей тьмы века сего, против духов злобы поднебесных.

Ефесянам 6:12

Иными словами, помимо ангелов, о которых многие любят говорить, существуют и злые духи. В Библии они названы падшими ангелами. Когда-то они были хорошими, но отпали от Бога. Вместо того чтобы служить Богу, они теперь враждуют с Ним. Они нападают на нас, пытаясь сбить с пути и заставить отвернуться от Бога, как это сделали они.

Самого высокопоставленного падшего ангела, известного как Люцифера или сатану, многие считают, что когда-то он был архангелом. Таким образом, в невидимом мире существует не одно, а два духовных царства. Первое — это Царство Божие, в котором обитают мириады ангелов. Это Царство Света и Сына Божьего, Иисуса Христа. Второе — царство тьмы, где вокруг сатаны собрались падшие ангелы. Они восстали против Бога в надежде победить Его однажды. Однако крестом Иисуса Христа сатана и все его демоны были побеждены и обезоружены. В Послании к Колоссянам мы читаем:

Бог обезоружил начальства и власти и выставил их на позор, восторжествовав над ними на кресте.

Колоссянам 2:15,

Новый русский перевод

Понимание того, что враг обезоружен, крайне важно для молитвы об освобождении от его нападок. Знание того, что Иисус Христос победил сатану Своей жертвой и кровью на кресте, является основополагающим; без него невозможно освобождение. То, что Иисус совершил для нас Своей смертью и воскресением, является основой нашего спасения и основой для нашего исцеления и освобождения.

Трагически звучит высказывание философа Фридриха Ницше о христианах, с которыми ему довелось познакомиться: «*Лучше должны петь они, чтобы поверил я в их спасителя:*

что-то непохожи на спасенных ученики его!»[1]. Вера в спасение и переживание спасения — это не одно и то же, и их результаты не одинаковы. Если спасение остается лишь знанием в голове, но мы никогда не переживаем Божью силу, то наша вера может быстро превратиться в сплошное напряжение. Мы верим, что Бог не только хочет дать нам веру в Него для нашего спасения, но и снабдить нас необходимыми инструментами, чтобы мы могли реализовать и переживать это спасение на всех уровнях, в том числе и в браке!

Впервые Иисус дал эти инструменты двенадцати ученикам, когда послал их с силой и властью изгонять всякую нечисть и исцелять болезни (см.: Луки 9:1-2). Затем Бог сделал их доступными для всех верующих через излияние Святого Духа в день Пятидесятницы. И они по-прежнему доступны нам сегодня! Мы можем пользоваться ими в нашем браке, чтобы исцелять и освобождать друг друга, так, что даже Ницше, будь он жив сегодня, увидел бы результаты и пришел бы к выводу, что наш Спаситель действительно живет и спас нас! Так давайте же научимся оценивать ситуации в нашем браке с духовной перспективы и выбирать правильные молитвенные средства, а также практические решения, которые имеют смысл.

Пример из служения

Чтобы проиллюстрировать, как может выглядеть применение этих инструментов и какую пользу они могут принести, расскажем о друзьях, проживающих в Аргентине, которых мы назовем Роза и Мигель. Когда мы познакомились с ними, они не были женаты, но у них были маленькие дети того же возраста, что и наши. Однажды за ужином, когда мы

---

[1] Фридрих Ницше. Так говорил Заратустра (глава «О священниках»). Издательство: Астрель, Харвест, 2013. Перевод Владимира Рынкевича.

разговаривали о жизни и любви, Мигель поделился своими сомнениями по поводу брака. С одной стороны, он очень хотел жениться, с другой — боялся, ведь супружеская жизнь его родителей была такой трудной. Он не хотел рисковать, опасаясь, что свидетельство о браке разрушит любовь и дружбу между ними.

Мы объяснили Мигелю, что боль, которую он испытывал из-за отношений родителей, может быть исцелена. И что он может избавиться от страха, что брак разрушит их любовь. Мы предложили ему помолиться вместе с нами, и он с благодарностью согласился. В тот же вечер Господь исцелил Мигеля от боли и избавил от страха, который удерживал его от вступления в брак. Вскоре после этого он сделал Розе предложение, и они поженились!

Освобождение как часть повседневной жизни

Иисус Христос пришел, чтобы дать нам жизнь в изобилии (см.: Иоанна 10:10). Другими словами, Иисус пришел для нас, и, создавая брак, Господь хотел, чтобы он был прекрасен и приносил нам огромную радость! Но сатана, наш враг, хочет украсть, убить и разрушить в нашей жизни все, что только возможно, и поэтому нападает на нас при каждом удобном случае (см.: 1 Петра 5:8). Это печальная духовная реальность, даже если мы не всегда хотим о ней слышать. Вот почему так важно добавить в наш супружеский арсенал инструменты освобождения и с их помощью успешно отражать атаки врага и жить в браке полноценной жизнью.

Подобно тому, как мы чистим зубы, чтобы сохранить их в чистоте и избежать стоматологического вмешательства, мы можем использовать молитвы об освобождении в нашей повседневной жизни, чтобы оставаться духовно чистыми и здоровыми. Может показаться странным сравнивать освобождение с чисткой зубов. Но на зубах есть бактерии, которых мы не видим. Они способны нанести вред нашим зубам и стать причиной реальной боли, если не избавиться от них с помощью тщательной чистки. Чтобы помочь детям понять важность чистки зубов, бактерии иногда изображают в виде «зубных демонов». Точно так же мы не видим злых духов или демонов, но они есть, и они постоянно ищут, как бы напасть на нас и испортить нашу жизнь и брак. Мы должны регулярно защищать свою душу и тело от духовных атак и быстро избавляться от захватчиков, прорвавшихся сквозь нашу защиту. Это залог отличного эмоционального, духовного и физического здоровья.

Освобождение под огнем

Сатана использует множество различных средств и методов, чтобы усложнить нашу совместную жизнь и не дать нам узнать об инструментах освобождения, которые могли бы нам помочь. К числу распространенных методов, используемых врагом для удержания людей в оковах, относятся:

- невежество и неверие;
- страх перед дьяволом;
- мнение, что молитвы об освобождении сложны;
- убеждение, что для освобождения нужны специалисты.

Важно, чтобы мы научились видеть эти методы такими, какие они есть, и научились успешно защищаться от атак врага. Молитвы об освобождении, которые мы приводим в этой книге, являются эффективным и мощным инструментом для этого. Когда вы начинаете молиться об освобождении в различных ситуациях, вы создаете возможности для Бога проявить Его силу. Победа, которую Он уже одержал для вас на кресте, становится реальностью в этой сфере вашей жизни и брака.

Вы будете все больше и больше убеждаться в том, что Иисус действительно сильнее и могущественнее лукавого. И что он обладает силой освободить вас от страха, боли, травм, зависимости, болезней и многого другого. Чем более свободными будете становиться вы и ваш партнер, тем меньше напряжения будет в ваших отношениях и тем больше мира и единства будет между вами. Ваша вера укрепится, и вы сможете лучше распознавать и отражать последующие атаки врага. Это наш опыт, и мы убеждены, что Бог хочет дать вам такую же проницательность и победу в вашем браке.

Пауза для размышлений

- Возблагодарите Иисуса за то, что Он пришел дать вам жизнь с избытком!
- Каков метод врага, удерживающий вас от молитвы об освобождении? Есть ли и другие?

ОПРЕДЕЛЯЕМ И ЗАКРЫВАЕМ ТОЧКИ ВХОДА

Подготовка к свободе

Отсутствие внутренней свободы может создавать напряжение в браке, что очень часто приводит к конфликтам. Поэтому весьма важно научиться слушать Святого Духа, распознавать корни проблем и молиться об исцелении и освобождении, если это необходимо.

Это прекрасно — служить своему супругу и видеть, как он исцеляется и освобождается от груза, который тяготит его с детства, юности или прошлых отношений. Мы верим, что Бог хочет, чтобы как супруги мы научились молиться друг за друга и друг с другом, быть еще более полезными в Царстве Божьем! Какое это удивительное облегчение, когда выходят наружу проблемы из нашего прошлого, которые мешали нам вместе расти в единстве и любви. Мы много говорили об этом, но хорошо бы помнить о цели.

Важным шагом на пути к достижению целостности и свободы является понимание того, как злые духи могут получить доступ в нашу жизнь. Мы не будем пытаться перечислить здесь все возможные способы, это вышло бы за рамки данной книги! Скорее, мы хотим обратить ваше внимание на некоторые из основных областей, куда могут быть направлены духовные атаки в невидимом мире. Опираясь на материал, рассмотренный в предыдущих главах, мы покажем вам роль освобождения в борьбе с грехом и получении полного исцеления, так что к концу книги вы должны понимать каждый из пяти молитвенных инструментов и быть готовыми начать уверенно их применять.

Духовные атаки

Духовные атаки похожи на дротики или стрелы, которые враг бросает в нас, пытаясь повергнуть нас в уныние и лишить победы во Христе во всех возможных сферах нашей жизни. Понять, что мы подвергаемся духовной атаке, можно по тому, что мы просто не похожи на себя, не действуем, не думаем и не чувствуем так, как обычно. Например, случался ли у вас спор, который разгорался, но потом никто из вас понятия не имел, о чем вы спорите? Как будто конфликт внезапно возник между вами, но на самом деле не был частью вас. Мы, конечно, не раз сталкивались с подобным. Мы научились делать глубокий вдох, успокаиваться и просить Бога показать нам, что стоит за ссорой. Иногда причиной был стресс или нехватка времени для близости. Но часто это происходило потому, что Бог хотел использовать нас для служения другим, а враг всеми силами пытался нарушить, в первую очередь, нашу дружбу и единство.

Одни духовные атаки мы можем распознать сразу, с другими это сделать сложнее, потому что они гораздо более изощренные. Мы приучили себя не смотреть на ситуацию только своими человеческими глазами. Мы хотим дать Богу возможность показать нам, как молиться в каждой конкретной ситуации, чтобы Он помог нам одержать победу во Христе. Иногда Он дает нам практические решения. Иногда — указывает на необходимость простить или изменить свое отношение к ситуации. Он также может показать нам, что мы подвергаемся атакам в невидимом мире и что нам нужно взять власть над любым духом, идущим против нас, и приказать ему убраться. Когда мы молимся об освобождении таким образом, у нас может появиться зевота, отрыжка или просто ощущение легкости внутри. Тогда самочувствие улучшается, и мы снова становимся похожими на самих себя.

Наконец, еще одним видом духовных атак, о котором стоит упомянуть, являются проклятия. Иногда проклятия посылаются другими людьми, которые намеренно пытаются причинить нам вред.

Грех открывает дверь

Основной точкой входа для духовной атаки в браке является грех. Если мы не раскаиваемся и не отвращаемся от него, мы делаем себя духовно уязвимыми, и враг может получить доступ к нашей жизни и нашим отношениям. Непрощение, гнев, обида и ненависть — вот примеры грехов, которые часто связаны с неисцеленными душевными ранами.

Еще одна важная точка входа — это грех других людей против нас, например, когда они манипулируют нами или доминируют над нами, и мы не чувствуем себя свободными от них. Однако духи могут приходить и по семейной линии. Они могут стоять за склонностью к определенному греховному поведению, такому как вспыльчивость, прелюбодеяние, зависимость и т. д. Нередко встречаются и наследственные травмы. Например, мы молились с людьми, чьи родители страдали от военных травм.

Поэтому важнейшей частью подготовки к освобождению является готовность избавиться от всех известных грехов и желание простить других, согрешивших против нас или наших предков.

Эмоциональные раны

Еще одной распространенной точкой входа демонов являются незалеченные эмоциональные раны. В предыдущих главах мы видели, как важно исцелять эмоциональные раны, чтобы избежать духовного заражения. Но не всегда это удается сделать, поэтому нам необходимо немного больше понять, что такое духовная инфекция и какова роль молитв об освобождении в очищении таких ран, чтобы они могли быть окончательно исцелены. Духовная инфекция возникает тогда, когда эмоциональная травма не исцелена и к ней добавляются такие негативные реакции, как гнев, непрощение или горечь. Злые духи могут воспользоваться такой ситуацией и войти в нас, усилить или усугубить наши негативные чувства, мысли или действия. Например, если у человека обычный, свойственный человеческой природе гнев, то он может научиться контролировать себя и держать гнев в узде. Но человеку с духовной инфекцией будет очень трудно контролировать свой гнев с помощью обычных общеизвестных приемов и техник. Тогда уже не он контролирует свой гнев, а гнев начинает управлять им. Аналогичным образом человек, который ненавидит своего обидчика и обнаруживает, что его ненависть продолжает расти и усиливаться до такой степени, что он не способен отпустить или простить, может нуждаться в освобождении от духа ненависти.

Определите, в чем вы не свободны

Как узнать, присутствует ли в нашей жизни злой дух, или мы просто имеем дело с естественными эмоциями или даже скверным характером? Часто мы не всегда осознаем, что находимся под влиянием такого духа. Поэтому ключ к пониманию того, в какой области мы не свободны, в том, чтобы помнить, что злой дух — это отдельная сущность, независимое существо. Он не является неотъемлемой частью нас, нашего характера или нашей личности. Поэтому, повторюсь, один из признаков его присутствия — в какой-то области нашей жизни мы чувствуем себя не совсем собой. В ходе консультаций люди то и дело описывают определенные моменты, когда они чувствовали себя под влиянием или контролем чего-то, что просто не было похоже на них самих. Другие говорили, что на них как будто что-то нашло. И хотя они боролись с этим всеми знакомыми им обычными приемами, они не могли от этого избавиться. Если дух вошел в нас очень рано, он мог переплестись с нашей личностью или характером, но мы начинаем понимать, что это не то, какими создал нас Бог.

Если один из супругов не свободен в какой-то области, это влияет на отношения в браке. Хотя мы становимся одной плотью, вступая в брачный завет, каждый из нас по-прежнему остается личностью с собственной свободной волей. Поэтому, когда требуется правильно определить точки входа, а затем молиться об освобождении, необходима воля того партнера, который нуждается в освобождении. Другими словами, мы должны хотеть быть свободными.

Пауза для размышлений

- В каких областях своей жизни вы не чувствуете полной свободы?
- Как отсутствие свободы влияет на ваш брак?

МОЛИМСЯ ОБ ОСВОБОЖДЕНИИ

Молитвы об освобождении для супругов

Мы видели, как многие люди почувствовали реальные и стойкие изменения, когда начали применять молитвы об освобождении, как по отдельности, так и вдвоем. Большинство из них просто набрались смелости и начали действовать, хотя, возможно, сначала не чувствовали себя уверенно и с опаской относились к молитве об освобождении.

Это правильно — испытывать здравое уважение к врагу, понимая, что мы ничего не можем сделать против его силы без помощи и защиты Господа нашего Иисуса Христа. При этом нам, живущим во Христе и исполняющим Его заповеди, нечего бояться, так как наша жизнь сокрыта во Христе (см.: Колоссянам 3:3). Более того, Он наделил нас полномочиями противостоять лукавому (см.: Луки 9:1-2). И не только противостоять, но и изгонять злых духов, проникших в нашу жизнь (см.: Иакова 4:7; Марка 16:17). Мы имеем право, силу и власть молиться об освобождении и освобождать узников. Мы делаем это не в одиночку. Бог пребывает с нами силой Своего Святого Духа. Он ведет и направляет нас во время молитвы и радуется тому, что освобождает нас!

Теперь рассмотрим сами молитвы об освобождении. Как и в других молитвенных инструментах, здесь есть три простых и мощных шага. Вы можете использовать этот инструмент для молитвы за себя и друг за друга, когда не чувствуете себя духовно свободными.

МОЛИТВЫ ОБ ОСВОБОЖДЕНИИ

Шаг 1. Скажите Иисусу, от чего вы хотите освободиться

Пример:

Дорогой Господь Иисус, я хочу освободиться от...

Назовите то, от чего вы хотите освободиться. Например: «Я хочу освободиться от страха, контроля или принуждения». С чем бы мы ни боролись, мы можем свободно говорить об этом с Господом. Он всегда внимательно слушает нас.

Наша воля имеет здесь ключевое значение. Мы должны быть полны решимости стать свободными и твердо решить, что больше не потерпим в своей жизни этого духа и связанного с ним греха. Мы должны отчаянно стремиться к свободе! Если мы будем молиться вполсилы, то не освободимся. Почему мы так сильно акцентируем на этом? Ответ в том, что Бог уважает нашу волю. А наша воля способна определять наше настоящее и наше будущее.

Шаг 2. Проясните ситуацию и разберитесь с чувством вины

Если дух пришел в вашу жизнь через то, что́ кто-то сделал вам, простите его или ее.

Вы можете сказать:

Я прощаю... за то, что он / она сделал со мной.

Если это ваша вина, попросите Иисуса простить вас за то, что вы открыли дверь этому духу в вашу жизнь.

Вы можете сказать:

Господь Иисус, пожалуйста, прости меня за то, что я сделал, сказал или подумал...

Освобождение — это лишение врага любых законных прав на присутствие в нашей жизни. Важный ключ к этому — получить прощение за свои грехи и простить других людей, причинивших нам боль. В действительности мы никогда не видели, чтобы кто-то получил освобождение, не покаявшись и/или не простив. То же самое относится и к обидам и неправильным реакциям, которые привели к духовной инфекции. Вот почему важно рассматривать вопрос или проблему комплексно, используя при необходимости комбинацию молитвенных инструментов. Более подробно мы рассмотрим это в следующей главе.

Шаг 3. Прикажите злому духу покинуть вас во имя Иисуса Христа

Вы можете произнести:

Я повелеваю духу... (например, страха, гнева и т. п.) оставить меня во имя Иисуса Христа!

Мы уже отмечали, что злой дух — это духовное существо, не имеющее тела. Поэтому, когда мы приказываем духу покинуть нас, мы часто чувствуем, как он на короткое время проявляется в нашем теле, прежде чем покинуть нас. Например, мы можем почувствовать боль или давление в голове, давление в груди, тяжесть в ногах и т. п. Мы также можем ощутить связанные с духом негативные эмоции, такие как страх, гнев и т. п., которые он усиливал в нашей жизни. Не беспокойтесь, если это происходит с вами.

Продолжайте дальше и усилием воли прикажите духу покинуть вас. Молитесь таким образом до тех пор, пока проявление или негативная эмоция, которую вы ощущали, не исчезнет, и вы не почувствуете себя свободным. Вы также можете ощутить внезапный покой, радость или легкость в своем духе, когда злой дух уйдет. Существует несколько способов, с помощью которых вы можете проверить, ушел ли дух или нужно еще помолиться. Например, если вы молились об освобождении от духа непрощения, подумайте о человеке, которого вы не могли простить. Можете ли вы простить его сейчас? Или, если вы молились об освобождении от духа запугивания, действующего через другого человека, подумайте об этом человеке. Чувствуете ли вы по-прежнему страх перед ним? Когда дух уходит, вы почувствуете изменения. Есть случаи, когда изменения не ощутимы сразу. Однако в течение следующих дней вы начнете замечать, что в некоторых ситуациях вы реагируете иначе, чем до молитвы об освобождении: возможно, вы стали лучше контролировать свой характер или спите спокойно, без кошмаров.

Наконец, всегда находите время поблагодарить Бога за то, что Он освободил вас!

Вы можете сказать:

Спасибо, Господь Иисус, что освободил меня! Наполни меня заново Твоим драгоценным Святым Духом!

Подытожим

Эти три молитвенных шага — простой и мощный инструмент освобождения, который можно применять для решения духовных составляющих проблем, негативно влияющих на вашу жизнь и брак в невидимой сфере. Мы рекомендуем применять молитвы об освобождении дома. Вы можете делать это как поодиночке, так и вместе, когда понимаете, что вам необходимо освобождение в той или иной сфере вашей жизни. Помните, что вы можете сочетать молитвы об освобождении с другими молитвенными инструментами и тем самым получить целостный подход к вашему пути к полному и окончательному исцелению и свободе.

ДОБИВАЕМСЯ ЛУЧШИХ РЕЗУЛЬТАТОВ

Комбинирование молитвенных инструментов

Обычно в распоряжении ремесленников имеется множество ценных инструментов. Нужный для определенной работы инструмент мастер выбирает на основании знаний и опыта. Закончив работу, он садится и осматривает свое творение. Исполненный радости и здорового чувства гордости, он благодарен за данный ему дар — за силу и умение создать что-то новое или восстановить старое или поврежденное. Его упорный труд окупился! Он создал нечто прекрасное, чем можно наслаждаться сейчас и вдохновлять будущие поколения.

Точно так же и вы можете использовать пять молитвенных инструментов исцеления и освобождения, которые мы вместе с вами изучили, поодиночке или вдвоем, чтобы создать что-то новое, обновить старое или восстановить то, что повреждено. Вот эти пять инструментов:

1. Молитвы об исцелении от душевных ран.
2. Молитвы о реакциях.
3. Молитвы о воспоминаниях.
4. Молитвы о прощении.
5. Молитвы об освобождении.

Мы обнаружили, что сочетание этих инструментов в различных ситуациях дает нам наилучшие шансы на последовательное и эффективное решение проблем, угрожающих нашему единству и любви. Как же понять, с чего начать и какие молитвенные инструменты выбрать?

Лучший способ — внимательно изучить ситуацию или проблему, которая вас беспокоит. Попросите Святого Духа помочь вам понять, что происходит, и показать, с чего начать. Разрешение проблем часто требует сочетания практических решений и изменений, о чем мы говорили в главах, посвященных единству и общению. Господь может помочь вам определить области, над которыми нужно работать, и предложить творческие решения. Он также откроет вам глаза на духовные аспекты проблем и на то, что нуждается в прощении, исцелении и освобождении. Чтобы добиться наилучших результатов, вам часто придется применять не один, а сразу несколько молитвенных инструментов. Приведенная ниже таблица поможет вам сделать правильный выбор.

Чем лучше вы понимаете принципы, лежащие в основе молитв об исцелении и освобождении, и чем больше привыкаете к применению этих инструментов, тем более естественным для вас становится их использование. По мере того как вы будете становиться все более целостными, будут крепнуть ваша любовь, дружба и единство в паре. Это наш опыт и опыт многих, кому мы помогли! Кстати, эти молитвы можно адаптировать и для детей и подростков и применять их, чтобы исцеление получила вся семья. Подробнее о том, как это сделать, мы рассказываем в нашей книге «Исцеляющий дом».

Контрольная таблица для выбора инструментов молитвы

Ситуация	Инструмент	Может также понадобиться
Вас обидели	Молитвы об исцелении душевных ран	Молитвы о реакции. Молитвы об освобождении
Вы неправильно отреагировали на обиду	Молитвы о реакциях	Молитвы об освобождении
У вас есть болезненные воспоминания	Молитвы о воспоминаниях	Молитвы об освобождении
Вы согрешили	Молитвы о прощении	Молитвы об освобождении. Молитвы об исцелении от душевных ран
Вы не чувствуете себя духовно свободным	Молитвы об освобождении	Молитвы об исцелении от душевных ран или молитвы о воспоминаниях

Наконец, в любой ситуации обращайтесь к Святому Духу. Он укажет вам на корни проблем, а также на то, как сочетать и применять молитвы в вашей ситуации. Мы призываем вас использовать этот подход снова и снова. Это того стоит, и мы знаем, что вы будете в восторге от того, что делает Господь, и от результатов, которые вы получите!

ПРИЛОЖЕНИЕ

Молитвенные инструменты для супружеских пар

МОЛИТВЫ О ПРОЩЕНИИ

Шаги

1. Исповедайте свой грех.
2. Примите прощение.
3. Исправьте ситуацию.

Вы можете сказать

1. *Дорогой Господь Иисус Христос, я сожалею о том, что... Пожалуйста, прости меня!*
   Супругу: *Я сожалею, что своими мыслями, словами или действиями* (конкретизируйте) *причинил тебе зло и*

боль. Я больше не хочу так поступать. Пожалуйста, прости меня!

Супруг отвечает: *Я прощаю тебя за то, что ты мне сказал или сделал!*

2. *Господь Иисус Христос, я принимаю Твое прощение. Спасибо, что простил меня!*

Если необходимо: *Я прощаю себя!*

3. *Господь Иисус, пожалуйста, покажи мне, что мне нужно исправить.*

МОЛИТВЫ ОБ ИСЦЕЛЕНИИ ДУШЕВНЫХ РАН

Шаги

1. Расскажите Иисусу о том, что причинило вам боль.
2. Попросите Иисуса исцелить вас от боли.
3. Простите человека, причинившего вам боль.

Вы можете сказать

1. *Дорогой Господь Иисус, мне больно, потому что...*
2. *Дорогой Господь Иисус Христос, Тебе причиняли боль другие люди. Ты взял на себя мою боль на кресте. Это дает Тебе силу и власть исцелять мою боль. Сейчас я отдаю свою боль Тебе. Пожалуйста, исцели меня!*
3. *Я прощаю... за то, что он или она сказали или сделали мне!*

МОЛИТВЫ О РЕАКЦИЯХ

Шаги

1. Расскажите Иисусу, что вы чувствуете по поводу случившегося и как вы отреагировали.

2. Попросите Иисуса простить вас за ваши реакции и за то, что вы держались за них.

3. Попросите Иисуса избавить вас от негативных чувств.

Вы можете сказать

1. *Дорогой Господь Иисус, я чувствую себя... из-за того, что мой супруг сказал или сделал мне. Но и я тоже говорил или делал неприятное или несправедливое в ответ, потому что чувствовал обиду и боль.*

2. *Господь Иисус, пожалуйста, прости меня за то, как я отреагировал, и за то, что я держал в себе эти негативные чувства и реакции.*

3. *Я прошу Тебя, Господь Иисус, избавь меня от этих негативных чувств... (назовите их). Я отпускаю их и отдаю Тебе!*

МОЛИТВЫ О ВОСПОМИНАНИЯХ

Шаги

1. Попросите Иисуса вернуть вас к болезненному воспоминанию.

2. Попросите Иисуса войти в болезненное воспоминание.

3. Выразите и примите прощение.

Вы можете сказать

1. *Дорогой Господь Иисус, пожалуйста, верни меня к болезненному воспоминанию, которое Ты хочешь исцелить!*

2. *Пожалуйста, Господь Иисус, войди в это болезненное воспоминание.*

3. Я прощаю... за то, что он или она сказали или сделали мне. И я прошу Тебя, Господь Иисус, простить меня за... (назовите свою реакцию на обиду).

МОЛИТВЫ ОБ ОСВОБОЖДЕНИИ

Шаги

1. Расскажите Иисусу, от чего вы хотите освободиться.
2. Проясните ситуацию и разберитесь с чувством вины.
3. Прикажите злому духу покинуть вас во имя Иисуса Христа.

Вы можете сказать

1. *Дорогой Господь Иисус, я хочу быть свободным от...*
2. Если кто-то согрешил против вас: *Я прощаю... за то, что он или она сделали мне.*
   Если вы согрешили: *Пожалуйста, Иисус, прости меня за то, что я сделал, сказал или подумал...*
3. *Я повелеваю духу...* (например, страха и т. п.) *оставить меня во имя Иисуса Христа!*

ПОМОЩЬ ВАМ И ВАШЕМУ БРАКУ

Духовные инструменты, представленные в этой книге, подходят как для молодых, так и для пожилых пар. Вы можете адаптировать их к своей ситуации. Воспользуйтесь примерами молитв, которые приведены в книге, или помолитесь своими словами. Вы можете прийти к Иисусу поодиночке или вдвоем и позволить ЕМУ исцелить вас и привести вас обоих к большей свободе!

ОБ АВТОРАХ

Дэниел родился в Цюрихе в 1966 году. Он получил степень магистра богословия в независимом государственном Теологическом университете Базеля. Дальнейшее обучение в аспирантуре Тринити-колледжа в Бристоле включало консультирование по вопросам брака. В 2002 году он был рукоположен в сан англиканского диакона.

Эстер родилась в Кении в 1973 году и переехала в Англию, когда ей было семь лет. Она изучала программу африканских и латиноамериканских исследований в Университете Бирмингема и получила диплом о высшем педагогическом образовании в Бристольском университете.

Дэниел и Эстер поженились в 1995 году, зная друг друга большую часть своей жизни благодаря давней дружбе их матерей.

С 1998 по 2007 год они работали в качестве партнеров миссии в Северной Аргентине, помогая семьям и супружеским парам возрастать в любви и дружбе с Богом и друг с другом, особенно через служение исцеления и освобождения.

В 2013 году они основали служение *Bethesda Heilungsdienst*, призванное помочь людям обрести эмоциональную, духовную и физическую целостность во Христе.

КОНТАКТНЫЕ ДАННЫЕ И ИНФОРМАЦИЯ В ИНТЕРНЕТЕ

Нужна ли вам дополнительная поддержка?

Мы верим, что любая пара, применяющая молитвы и принципы, изложенные в этой книге, может пережить реальные изменения. Некоторые люди считают полезным поговорить и помолиться с кем-то еще. Более подробную информацию о наших консультационных услугах и ресурсах вы можете найти на нашем сайте.

Понравилась ли вам эта книга?

Напишите нам и расскажите, как эта книга помогла вам. Мы будем рады получить ваш отклик!

Вы можете сыграть важную роль в том, чтобы помочь другим парам обрести исцеление и свободу, порекомендовав эту книгу своим друзьям и поделившись информацией о ней в социальных сетях.

В принятии решения о покупке книги многие люди ориентируются на отзывы о ней. Пожалуйста, подумайте о том, чтобы оставить краткий отзыв на платформе, где вы приобрели свой экземпляр.

Если вы заказали книгу в *Bethesda Heilungsdienst*, то можете отправить свой отзыв нам по указанному ниже адресу. Мы будем вам очень благодарны!

bethesda-heilungsdienst.ch
info@bethesda-heilungsdienst.ch

ДРУГАЯ КНИГА АВТОРОВ

Исцеляющий дом. Как вырастить здоровых и счастливых детей

Роль родителей-христиан уникальна — они помогают своим детям разбираться с вызовами в жизни, не позволяя эмоциональным и духовным проблемам пустить корни в сердце.

В этой книге авторы предлагают вдохновляющие идеи и примеры молитв, которые вы можете использовать, чтобы помочь своему ребенку процветать сейчас и во взрослой жизни.

Из книги вы узнаете:

- Как быть родителями, чье присутствие и молитвы значимы в жизни ребенка

- Как обрести дом, где исцеление и свобода — обычное явление

- Как помочь ребенку справиться с эмоциональной болью и обидами

- Как научить его, что такое грех и прощение

- Как подготовить ребенка к противостоянию и преодолению демонического влияния и атак

Печатная книга: ISBN 978-3-9525127-6-0
Электронная книга: ISBN 978-3-9525127-7-7

Доступно на сайте *bethesda-heilungsdienst.ch* или в других интернет-магазинах.